KB260978

정글노믹스

정글노믹스

투자의 정글에서 살아남는 **7**가지 법칙

장경덕 지음

21세기북스
www.book21.com

투자의 정글에서 살아남는 비밀

정글 속이다. 당신은 길을 잃고 우두커니 서 있다. 두렵고, 외롭다. 열대의 숲은 낯설다. 신비감을 느끼게 하는 어두운 녹색의 미궁 속에는 온갖 음모와 치명적인 위험이 숨어 있다.

나무들은 생명의 빛을 한 조각이라도 더 차지하기 위해 소리 없는 전쟁을 벌인다. 빛의 에너지를 가장 먼저 차지하려면 지상에서 30~40미터나 솟아올라야 한다. 60미터까지 솟구친 나무도 있다. 나무들의 야욕은 끝이 없다.

자연의 신분제는 냉혹하다. 덮개 층 나무들부터 차례대로 빛을 빨아들이고 나면 당신은 태양이 선사하는 빛의 1~2퍼센트만 받을 수 있다.

밀림의 어둠은 공포를 불러온다. 빛과 그늘이 얼룩진 곳 어디엔가 굶주린 재규어가 당신을 노려보고 있다. 맹수의 이글거리는 눈빛도, 바람 같은 움직임도 당신은 알아채지 못한다. 머리 위에서는 거대한 보아뱀이 당신의 체온을 쫓고 있다. 녹색으로 위장한 독사는 언제 당신의 눈에 독을 쏠지 모른다.

3,000만 마리의 병정개미들이 땅을 울리며 몰려올 수도 있다. 나뭇가지를 잘못 건드리면 불개미들이 옷 속을 파고든다. 이 작은 악마들은 불에 달군 바늘에 찔린 것 같은 고통을 준다. 흙과 물과 공기, 짐승과 곤충과 미생물, 그 밖의 모든 것에 세균과 바이러스가 우글거린다. 이들은 눈에 보이지

않아서 더 무서운 존재들이다.

당신을 공격하는 식물도 많다. 주사바늘처럼 당신의 살갗에 독을 찔러 넣는 풀도 있다. 식물의 잔털과 꽃가루와 분비물은 모두 무서운 화학무기가 될 수 있다.

대기는 은밀하게 움직인다. 뜨겁고 축축한 공기는 상승기류를 타고 올라 비를 만든다. 그 움직임을 알아채지 못한 당신은 폭우를 피할 수 없다. 폭우는 거목을 쓰러트리고, 강물을 넘치게 하고, 지형을 뒤바꿔버린다. 홍수가 난 곳에서는 모든 길이 사라진다. 가야 할 길뿐만 아니라 지나온 길도 흔적이 없다. 당신은 완전히 길을 잃고 만다.

경제는 정글이다. 나라 경제와 자본시장은 열대의 정글을 빼닮았다.

불모의 땅과 정글의 차이는 물에서 비롯된다. 사막에는 물이 없어 풀 한 포기 자라지 못하지만 정글에는 물이 넘쳐흘러 온갖 생명체들이 뒤엉켜 산다. 빠르게 순환하는 물은 정글의 생명력을 한껏 높여준다. 그러나 바로 이 물이 어느 순간 가장 파괴적인 힘으로 바뀔 수도 있다.

자본시장의 유동성은 정글의 물과 같다. 이 시대 자본시장에는 유동성이 넘친다. 유동성은 시장의 활력과 변화의 속도를 높여준다. 하지만 과잉 유동성은 난폭한 홍수로 돌변해 경제와 시장의 안정을 무너트린다.

정글 속 생명체들은 무한 경쟁을 펼친다. 모든 살아 있는 것들은 서로를 공격한다. 또한 서로에게 의존한다. 이것이 정글을 사는 방식이다. 정글에서는 모든 것이 너무나 빨리 자란다. 자라지 못하면 죽고, 분해되고, 다른 생명체를 키우는 자양분이 된다. 개체의 생명은 무수히 죽어가지만 정글 전체의 생명력은 늘 왕성하다.

기업과 개인들은 정글 속 생명체들처럼 치열한 경쟁을 벌이지만 공존의 논리도 함께 터득해간다. 경쟁하면서 성장하고, 수명이 다하면 다른 이들을 위한 밑거름이 된다.

정글은 위험한 곳이다. 너무나도 변화무쌍해 자칫하면 길을 잃어버릴 수 있다. 가장 치명적인 위험은 언제나 보이지 않는 곳에 숨어 있다.

경제와 투자의 세계도 똑같다. 당신은 늘 온갖 리스크와 마주한다. 경제와 투자의 환경은 폭풍우 속의 정글처럼 순식간에 뒤바뀐다. 투자의 세계에 뛰어든 당신은 너무나 쉽게 길을 잃어버린다.

정글 속에 던져진 당신의 일차적인 목표는 살아남는 것이다. 당신의 궁극적인 목표가 무엇이든, 생존이 먼저다. 살아남아야 정글 속에 숨어 있는 황금의 도시를 찾아낼 수 있고, 모험을 끝낸 뒤의 희열을 맛볼 수도 있다.

당신은 주식시장이나 부동산시장의 개미일 수도 있고 큰손일 수도 있다. 아예 투자의 세계와는 담을 쌓고 살고 있는지도 모르겠다. 당신은 서울 노른자위에 20억 원이 넘는 아파트를 가졌을 수도 있고, 아직 집을 살 엄두조차 내지 못하고 있을 수도 있다. 중국 주식에 발 빠르게 투자했을 수도 있고, 가격 거품이 꺼지고 있는 미국 주택을 살 타이밍을 노리고 있을 수도 있다. 침대 밑에 숨겨둔 달러를 이제라도 유로나 위안화로 바꿔야 할지 고민하고 있을 수도 있고, 채권 대신 땅이나 금을 사 두는 것이 나을지 따져보고 있을 수도 있다.

당신은 잘나가는 대기업 임원일 수도 있고, 언제 자리가 없어질지 모르는 비정규직이거나 늘 매상이 성에 차지 않는 자영업자일 수도 있다. 무한한 가능성을 갖고도 기회를 잡지 못한 백수일 수도 있고, 슈퍼스타의 꿈을 품은 학생일 수도 있다.

당신이 누구든 정글경제 안에서 숨 쉬고 있다는 사실은 달라지지 않는다. 당신은 정글경제를 멀리 떨어져서 바라보고 있는 것이 아니다. 이미 정글 깊숙이 들어와 있다. 누구도 투자의 정글에서 완전히 벗어날 수는 없다.

생존법칙을 모르는 이들에게 정글은 가혹하다. 정글의 생리를 알지 못하면 위기가 닥칠 때 가장 먼저 희생양이 된다. 이들은 온갖 바이러스와 독충과 맹수의 먹잇감이 된다.

정글에는 주술사들이 있다. 정글의 주술사는 미래의 모든 일을 내다볼 수 있다고 주장한다. 어떤 병이라도 치료할 수 있다는 주술사도 있다.

투자의 정글에도 시장의 앞날을 함부로 점치고 처방을 내리는 주술사들이 많다. 주위를 둘러보라. 전문가들의 예언을 무턱대고 믿고 따르다 깡통을 차게 된 이들을 얼마든지 볼 수 있다. 그들의 운명은 정글에서 탈진한 순진한 모험가의 말로와 같다.

당신은 정글이 늘 불공평하다고 푸념하는 쪽인가. 아니면 정글에서 뜻밖의 행운을 잡을 수도 있다고 믿는 쪽인가. 정글을 어떻게 보느냐는 당신의 자유다. 정글을 약육강식의 아수라장으로 보느냐, 생명력이 넘치는 기회의 땅으로 보느냐는 당신의 마음에 달려 있다. 당신은 정글의 생태계와 법칙을 좋아할 수도 있고 싫어할 수도 있다. 당신이 어느 쪽이든 당신이 몸담고 있는 경제와 시장이 정글이라는 사실만은 변하지 않는다.

당신은 가능한 한 빨리 정글경제의 생태계에 적응해야 한다. 투자의 정글에서 살아남는 법을 스스로 터득해야 한다. 그러나 지혜가 있는 이들은 단순히 살아남는 데 만족하지 않는다. 이들은 정글 속 깊은 곳 어디엔가 숨어 있을 아름다운 황금의 도시를 찾아내려 한다. 끝내 황금의 도시를 찾을 수 없을지도 모른다. 그러나 적어도 아슬아슬한 모험을 끝낸 뒤 '후회는 않노라'고 말할 수 있을 것이다.

필자는 경제기자로서 20년째 투자의 정글을 탐사하고 있다. 지난 20년 동안 한국 경제와 자본시장은 더욱 정글다운 정글이 됐다. 정글에는 환상적인 꽃도 피었다. 그 꽃은 이름 모를 바이러스 때문에 더욱 고혹적일 때도 있었고 더욱 추악할 때도 있었다.

필자는 가능하다면 낙관주의자가 되고 싶다. 한국 경제와 자본시장이 꾸준히 발전하리라 믿고 싶다. 그러나 현실은 희망과 믿음만을 간직하도록 허락하지 않았다. 온갖 부조리와 집단적 광기를 지켜보면서 충격과 혼란에 빠진 적도 한두 번이 아니었다.

지난 반세기 동안 한국 경제가 이룬 것은 신화였다. 신화의 중심에는 숱한 신들이 있었다. 그 가운데 우리의 마음을 가장 먼저 사로잡은 신은 재물의 신財神이었다. 한국인의 머릿속에는 늘 이 신이 자리 잡고 있다. 한국은 재신의 나라인지도 모른다. 부자가 되려는 처절한 열망과 그 열망을 먹고 자라는 대박투자의 환상과 누구나 신이 될 수 있다는 미혹의 신앙이 널리 퍼져 있다.

『정글노믹스』는 정글경제에 관한 이야기다. 투자의 정글을 지배하는 미신에 관한 이야기일 수도 있다.

『정글노믹스』는 벼락부자가 되는 비법을 알려주기 위한 책은 아니다. 대박투자의 기술을 전하는 책들은 이미 감당할 수 없을 정도로 넘쳐난다. 신문과 방송, 책과 인터넷, 강연회를 통해 수많은 재테크 도사들이 자신이 이룬 신화를 들려준다. 그들은 자신을 따라하면 대박신화를 이룰 수 있다고 설파한다. '직접 체득한 비법을 당신에게만 귀띔해주겠다' 거나 '이 길로 가면 반드시 큰 부자가 될 수 있다'고 콕 찍어서 가르쳐준다.

투자의 정글에는 조작된 신화가 있다. 순진한 이들을 파멸시키는 계율도 많다. 가장 명료한 성공투자의 신탁神託이 가장 위험한 주문呪文일 수 있다. 필자는 관찰자이지 예언가는 아니다. 필자는 순진한 투자자들을 유혹하는 점쟁이와 주술사들을 냉정하게 비판할 것이다.

『정글노믹스』는 미신과 유혹이 가득한 투자의 세계에 대한 탐사이기도 하다. 정글경제의 위험에 몸을 내맡긴 투자자들을 위한 가이드로 생각해도 좋다. 가이드의 첫 번째 미션은 애꿎은 투자자들의 희생을 막는 것이다. 투자의 정글에는 희생양을 찾는 야만적인 전통이 있다. 그 야만에 희생되지 않기 위한 방법을 함께 고민해볼 것이다.

가이드의 두 번째 미션은 투자자들이 단순히 살아남는 데 만족하지 않고 정글 속에 감춰진 보물을 찾을 수 있도록 도움을 주는 것이다. 그러나 필자는 보물지도라도 갖고 있는 체하지는 않을 것이다.

확실한 보물지도를 갖고 있다고 떠벌리는 이들도 많다. 이들은 대부분 바보이거나 거짓말쟁이다. 그런 사람들을 믿지 말라고 설득하는 것도 『정글노믹스』의 과제다. 정글 속 보물을 찾는 길을 알아내는 것은 어디까지나 당신의 몫이다.

이 책에는 숫자와 셈법이 꽤 많이 나온다. 그러나 미리 겁부터 낼 필요는 전혀 없다. 이해하기 쉬운 단순한 셈법만 제시될 것이기 때문이다. 주먹구구로 풀 수 없는 복잡한 셈법은 일반 투자자들에게 도움이 되지 않는다. 복잡한 숫자놀음은 지식을 뽐내려는 이코노미스트나 인간의 감성이 없는 컴퓨터에게나 맡기기로 하자.

당신은 늘 지적 호기심과 용기를 잃지 말아야 한다. 그래야 정글경제를 탐험할 수 있기 때문이다. 모험을 피할 수 없다면 즐기기로 마음먹어야 한다. 그렇게 마음먹었다면 이제 필자와 함께 정글경제 속으로 들어가보자. 투자의 정글에 있는 유혹의 강과 공포의 숲을 만나보자. 그 안에 감춰진 비밀을 파헤쳐보자.

프롤로그 • 투자의 정글에서 살아남는 비밀 · 4

part 1 정글경제, 생존의 법칙

구조대는 늘 한발 늦게 온다

나는 젖은 채로 추위와 두려움에 떨며 누워 있었다.
신에게 기도하는 것 말고는 할 수 있는 일이 아무것도 없었다.

— 요시 긴스버그의 『정글』 중에서

갑자기 전날 마멜라도프가 물었던 말이 생각났다.
"이해하시겠소, 선생? 당신은 의지할 만한 데가
하나도 남지 않았다는 게 무슨 의미인지 이해하시겠소?"

— 표도르 도스토예프스키의 『죄와 벌』 중에서

당신은 정글에서 길을 잃었다. 몸도 지치고 마음도 약해졌다. 정글의 어둠 속에 영원히 묻혀버릴지도 모른다는 두려움에 몸을 떤다. 이대로 쓰러지면 순식간에 죽음을 맞게 될 것이다. 깊은 상처가 있다면 더욱 절망적이다.

모든 길을 끊어버린 폭우 속에서, 그 어떤 도전도 용납하지 않는 급류 앞에서 당신은 무기력하다. 절벽과 암흑과 맹수에 대한 두려움은 탈진한 당신을 더욱 얼어붙게 한다. 그러나 아직 모든 것을 포기하기에는 이르다. '나는 반드시 살아남아야 한다. 아니, 반드시 살아남을 수 있다'고 당신은 스스로에게 다짐한다.

이 절박한 순간 당신이 가장 간절하게 기다리는 것은 구조의 손길이다. 절망에 빠진 당신은 본능적으로 희망을 품게 된다. 그것은 누군가 당신의 조난 사실을 알고 재빨리 구조대를 보낼 것이라는 희망이다.

긴급명령 : 증시를 살려라

절체절명의 위기다. 투자자들은 절망의 늪에서 허우적거리며 절규한다. 정부는 그 처절한 부르짖음을 외면하지 못하고 자식을 구하려는 부모처럼 결연하게 늪으로 뛰어든다. 투자자들은 과연 살아나올 수 있을까.

이제 막 정글경제 탐험을 시작한 당신에게 첫 번째로 들려줄 이야기는 이것이다. 밝은 이야기가 아니라서 유감이다. 하지만 투자의 정글에서 살아남으려면 반드시 기억해야 할 이야기다.

정부의 구조작전이 거듭될수록 투자자들은 하나의 믿음을 갖게 된다. 그것은 바로 위기 때마다 정부가 구조의 손길을 내밀어줄 것이라는 믿음이다. 이 믿음 때문에 투자자들의 도박은 갈수록 무모해진다. 그들의 무모함은 때로 엄청난 재앙을 부른다. 그들 자신뿐만 아니라 금융시장과 나라 경제 전체를 위기에 빠트린다. 온 국민이 그들을 구조하느라 값비싼 대가를 치러야 한다.

절망의 늪에서 영영 구조되지 않는 이들도 많다. 그들의 희생은 처절하지만 정글경제는 그 희생을 일일이 기억하지 않는다. 물론 우리가 기억할 만한 희생도 있다. 우리에게 교훈을 주는 희생은 되새겨볼 만한 희생이다. 역사 속에서 이러한 희생의 사례를 하나 꺼내보겠다.

1989년은 '12·12 증시부양조치'가 있었던 해다. 필자는 지난 20년 동안 숱한 투자자 구조작전을 지켜봤지만 '12·12' 때보다 더 극적인 구조작전은 보지 못했다. 구조를 기다리는 투자자들의 절규는 지금도 잊을 수 없다.

당시 영화 속에서나 있을 법한 일들이 현실 세계에서 벌어졌다. 여기서 당신에게 제안을 하나 하겠다. 만약 당신이 '12·12' 당시 위기에 빠진 투자자였다면 과연 어떻게 행동했을지를 생각하며 이 이야기의 주인공이 돼보라.

늘 그렇듯이 위기는 모두가 행복감에 취해 있을 때 찾아왔다. 1980년대 말 한국은 이른바 '3저 호황'으로 행복했다. 국제 유가와 금리, 달러

가치가 떨어지면서 수출로 먹고사는 한국 경제는 날개를 달았다. 한국 경제는 해마다 12~13퍼센트씩 성장했다. 상장기업들의 이익은 30~60퍼센트씩 늘어났다.

주식시장은 광란의 질주를 계속했다. 증권사들이 가장 큰 덕을 봤다. 증권사들의 주가는 1985년부터 3년 새 50배나 뛰었다. 1985년 증권주에 1억 원을 투자한 이들은 3년 만에 50억 원을 거머쥔 부자가 됐다.

말 그대로 폭발적 상승세였다. 종합주가지수는 3년 반 만에 7.4배로 뛰었다. 1989년 4월 사상 처음으로 1000포인트를 넘어섰다. 장밋빛 주가 전망에 들뜬 투자자들은 '금강산주가'를 꿈꿨다. 종합주가지수가 금강산 높이(1,638미터)만큼 치솟을 것이라는 전망을 의심하는 이들은 드물었다.

주식시장에 거품이 낀 것은 분명했다. 증권, 은행, 보험사들의 주식이 주당순이익의 40~60배에 거래될 정도였다. 이들 회사의 주식시가총액이 40~60년치 순이익과 같았다는 뜻이다. 투기장의 집단적 광기는 이성을 마비시켰다. 투자자들은 증시 과열에 대한 경고에 코웃음을 쳤다.

그러나 주가는 중력의 법칙을 무시하고 무한히 치솟을 수는 없다. 한껏 끓어오른 거품이 갑자기 꺼지기 시작했다. 종합주가지수는 결국 3년 반 만에 54퍼센트나 폭락하고 말았다. 1989년 4월 1007포인트에서 1992년 8월 459포인트로 곤두박질한 것이다.

주식시장의 거품이 꺼질 때 개미들이 겪은 고통은 극심했다. 난생 처음 주식투자에 나섰던 개미들은 너무나도 무기력하게 증시 침체의 늪에 빠져들었다. 절망적인 상황에 내몰린 이들은 필사적으로 정부에 구조 신호를 보냈다.

'금강산주가'의 환상에서 깨어난 이들은 분노했다. 투자자들은 상장기업과 대주주들이 주식을 대량으로 발행해 주식가치를 희석하는 '물타기'와 주식가치를 실제보다 부풀려서 파는 '뻥튀기'를 일삼았다는 사실을 뒤늦게 깨닫고 격분했다.

증권업계에 대한 배신감도 극에 달했다. 증권사들이 투자자들에게 주가가 언제까지나 오를 것이라는 환상을 심어줬기 때문이다. 급기야 정부가 팔을 걷어붙이고 나섰다. 개미들의 고통과 분노가 임계상태를 넘어 앉아서 보고 있을 수만은 없다고 판단한 것이다.

1989년 12월 12일 오전 8시. 재무장관은 긴급 기자회견을 통해 증시 안정화 대책을 발표했다. 대책에는 '투자신탁회사들의 주식매입자금을 무제한 지원하겠다'는 놀라운 내용이 들어 있었다. 충격적인 조치였다. 정부는 필요하면 한국은행의 발권력을 동원해서라도 증시가 안정될 때까지 투신사의 주식매입을 무제한 지원하겠다고 밝혔다.

세상에! 정부가 돈을 찍어내서라도 주가를 떠받치겠다고 약속하는, 믿기 어려운 일이 한국에서 벌어진 것이다. 재무장관은 "한국은행의 자금 지원은 증시 안정을 위해 필요하다고 생각될 경우 사용할 수 있는 마지막 카드"라며 "은행을 통한 지원만으로 증시가 안정된다면 한국은행의 자금 지원은 하지 않을 수도 있으므로 이를 너무 확대해석하지 말기 바린다"고 말했다. 그러나 '돈을 찍어내서라도' 증시를 살리고야 말겠다는 정부의 의지는 분명해 보였다. 투자자들에게 중요한 것은 그런 의지였다.

증시안정화 대책에 따라 한국은행은 주식매입을 지원하기 위해 당장 시중은행에 1조 2,000억 원을 풀기로 했다. 한국, 대한, 국민 3대 투신사는 은행에서 자금을 지원받아 하루 평균 1,000억 원씩 주식을 사들이기로 했다. 재무부는 보험사들에도 연말까지 3,000억 원어치의 주식을 사들이도록 지시하고, 기관투자가들에게는 증시가 안정될 때까지 주식을 일절 팔지 못하도록 했다.

구조대를 기다리던 투자자들은 기사회생했다. 9일 연속 하락하던 주가는 폭등세로 돌변했다. 대책이 발표된 날 종합주가지수는 하루 상승폭으로는 사상 최대인 34포인트나 뛰었다. 1,201개 종목 가운데 979개 종목이 가격 제한폭까지 치솟았다. 종합주가지수는 다음 날에도 36포인트 뛰어, 다시 사상 최대 상승 기록을 갈아치웠다. 이날도 상한가 종목이 980개에 달했다.

낙관론이 다시 고개를 들었다. 주식시장이 2차 대세 상승을 맞을 수 있다는 기대가 확산됐다. 주식시장이 붕괴될 것이라며 아우성치던 전문가들은 즉각 태도를 바꿨다.

그러나 지나서 보면 '12·12'는 주식을 팔아치우려는 사람들에게 절호의 기회였다. 냉철한 투자자들은 재빨리 시장을 빠져나갔다. 팔고 싶어도 팔 수 없었던 물량을 친절하게도 기관투자가들이 모두 받아주자 미련 없이 손을 털고 나갔다.

그해 폐장일인 12월 26일 투신사들이 주식매입을 중단하는 바람에 주가는 다시 곤두박질했다. 종합주가지수는 '12·12' 조치 후 열흘 동안 844포인트에서 936포인트로 11퍼센트 가까이 올랐다. 그 후 이틀 동안은 다시 되밀려 폐장일까지 상승률은 8퍼센트에도 못 미쳤다.

주식시장이 조정 국면에 들어가면 주가는 고점에서 30퍼센트 정도 떨어지는 것이 보통이다. 외국에서는 주가가 20퍼센트 이상 밀려야 약세장에 진입한 것으로 본다. '12·12' 조치는 종합주가지수가 사상 최고치에서 불과 16퍼센트 떨어진 시점에 나왔다. 주식시장이 본격적인 침체 국면에 들어섰다고는 보기 어려운 수준이다. 당시 정부가 얼마나 성급하게 투자자 구조작전에 나섰는지 알 수 있다.

당시 재무장관은 증시부양의 불가피성을 이렇게 설명했다.

12월 들어 투자심리가 극도로 위축돼 투매현상이 나타나기 시작하고, 주식형수익증권 환매가 증가해 증시 불안정이 심화되는 심각한 상황이었다. 이를 방치할 경우 투매가 가속화돼 증시가 파동에 휩싸여 금융시장의 질서가 교란되고, 국민경제에 엄청난 충격이 우려되는 위기 상황으로 판단했다.

'12·12' 조치로 3대 투신사들이 사들인 주식은 2조 7,697억 원어치였다. 투신사는 이 주식을 종합주가지수 920대 안팎에서 매수했다. '12·12' 이후 936포인트까지 반짝 상승했던 주가는 이듬해 9월 566포인트로 떨어졌다. 9개월 동안 40퍼센트 가까이 폭락한 것이다.

'12·12' 조치가 실패로 끝남에 따라 투신사는 오랫동안 중병을 앓아야만 했다. 투신사는 당시 증시 최대의 큰손이었다. 이런 투신사가 극심한 경영난으로 증시 안전판 구실을 못 하게 된 것이다. 이에 따라 증시는 더욱 불안정하게 표류하게 된다.

희생양을 원하는 시장

정부의 구제대책을 믿었던 투자자들은 비참한 운명을 맞았다. 그들의 말로는 깡통계좌 정리였다. 당시 '투자자 학살극'으로까지 묘사됐던 깡통계좌 정리 작전을 잠시 돌이켜보자.

　‘12·12’ 후 1년이 채 안 지난 1990년 9월 8일 이른 아침. 서울 마포의 한 호텔에 25개 증권사 사장단이 비밀리에 모였다. 사장단은 4시간 동안 격론을 벌인 끝에 주식시장 회복에 가장 큰 걸림돌이 되는 미수금과 미상환융자금을 적극적으로 정리하기로 결의했다.

　미수금은 투자자들이 증권사를 통해 주식을 사고서도 주식매입대금을 다 내지 못해 발생하는 것이고, 미상환융자금은 주식 신용거래에 나선 투자자들이 증권사에서 빌린 돈을 기일 안에 갚지 못할 때 생기는 것이다. 투자자들이 담보로 잡힌 주식을 모두 팔아도 증권사에 빚진 돈을 다 갚을 수 없을 때, 그 계좌를 ‘깡통계좌’라고 한다.

　증권사 사장단은 깡통계좌에 대해 한 달 동안 유예기간을 준 뒤 강제로 정리하기로 합의했다. 증권사들이 깡통계좌의 주식을 팔아 빌려준 돈을 돌려받겠다는 것이었다.

　결국 올 것이 오고야 말았다. 마침내 투자자들에게 비참한 빚잔치의 순간이 닥쳐온 것이다. 투자자들은 망연자실했다. 미수금과 미상환융자금 상환기한을 늦춰주거나 이자를 깎아주는 구제조치가 나올 것이라는 기대는 물거품이 됐다.

　투자자들은 ‘정부의 증시부양 의지를 믿고 주식을 샀다 이 지경에 이르렀다’며 분통을 터트렸다. 또 ‘증시가 다시 상승세를 탈 것이라는 증권사의 감언이설에 속아 주식투자에 나섰다 쪽박을 차게 됐다’며 배신감을 토로했다.

　투자자들이 억울해할 만도 했다. 깡통계좌가 급격하게 늘어난 데에는 정부와 증권업계의 책임도 컸기 때문이다. ‘12·12’ 당시 정부는 현금을 한 푼도 들이지 않고도 주식을 살 수 있도록 했다. 그전에는 주식을 살 때 내는 증거금과 주식 신용거래에 필요한 보증금을 현금으로 내야 했으나, '12·12' 조치로 증거금과 보증금을 보유 주식으로 갈음할 수 있도록 한 것이다. 투기적인 매수를 늘려서라도 주가를 끌어올리려는 조치였다.

1990년 봄, 또 다른 증시부양조치('3·2' 조치)가 나왔다. 이때는 증권주에 대한 신용거래가 허용됐다. 그전까지 정부는 증권주 신용거래를 한사코 금지했다. 증권사들이 자기 회사 주식의 시세를 조종하는 데 악용할까 염려해서였다. 그러나 투기라도 부추겨 주가를 올려야 한다는 조바심에 이를 전격 허용한 것이다.

'12·12'와 '3·2' 증시부양조치 때 멋모르고 외상으로 주식을 산 투자자들은 결국 낭패를 봤다. 시장은 주식을 팔 기회조차 주지 않았다. 그야말로 속수무책으로 당할 수밖에 없었다. 엎친 데 덮친 격으로 1990년 8월에는 걸프전의 암운까지 드리웠다. 주가는 폭락세를 벗어나지 못했다.

당시 투자자들이 증권사에 당장 갚아야 할 빚인 미수금과 미상환융자금은 1조 2,600억 원에 달했다. 이에 비해 투자자들이 주식을 사려고 들고 있던 현금(고객예탁금)은 모두 합해봐야 1조 1,500억 원에 불과했다. 주식매수 대기자금에 비해 적체된 악성 매물이 너무 많았다. 빚더미에 눌린 투자자들이 한꺼번에 주식을 팔겠다고 내놓으면 주가는 또다시 폭락할 것이 불을 보듯 뻔했다.

증권업계와 투자자들은 마지막까지 버티며 '심판의 날'을 하루라도 늦춰보려고 발버둥 쳤다. 이들은 증시 여건이 호전돼 자연스럽게 주식매수세가 살아나거나, 정부가 또다시 특단의 부양조치를 취해 빈사상태의 투자자들을 구제해줄 것이라는 막연한 기대감을 버리지 않았다. 그러나 투자자들이 버틸수록 손실만 눈덩이처럼 불어날 뿐이었다. 정치권과 정부는 더 이상 증시를 띄우는 것이 불가능하다고 판단했다.

긴급 구조를 바라던 투자자들의 절망적인 울부짖음에는 메아리가 없었다. 냉혹한 시장은 이런 투자자들이 깨끗이 사라져주기만을 기다리고 있었다. 이들이 악성 매물을 들고 버티고 있는 한 주식시장 회복의 새로운 기운은 피어날 수 없었기 때문이다.

투자의 정글에 뛰어든 당신은 언제든지 이런 상황을 맞을 수 있다. 상황이 절망적일수록 체념하기는 더 쉽다. 그러나 인간의 심리는 반대로 작용할 수도 있다. 더 나빠질 것도, 더 잃을 것도 없을 정도로 절망적인 상황을 맞았을 때, 오히려 더욱 악착스럽게 희망의 끈을 놓지 않으려 안간힘을 쓰게 되는 것이다.

절망 속에서 끝까지 붙들고 있던 희망은 곧 믿음으로 바뀐다. 스스로 위기에서 탈출할 수 없는 당신은 정부든 가족이든 딩신을 질망의 늪 속에 그냥 내버려두지 않을 것이라고 굳게 믿게 된다. 당신은 스스로 최면을 건다. '지금 구조대가 달려오고 있다, 조금만 참자, 조금만 더 참자, 조금만 더 버티면 곧 누군가 내 지친 몸을 부드럽게 감싸 안을 것이다…….'

이렇게 최면을 걸다보면 당장이라도 구조대를 실은 헬리콥터가 나타날 것만 같다. 실제로 구조 헬기의 프로펠러 소리가 들려오는 것도 같다. 그러나 이것은 환청일 수 있다. 구조대는 당신의 마음속에만 존재했을 수도 있다.

도대체 당신이 정글 속에 쓰러져 있다는 것을 누군가 알기는 하는 걸까. 알고 있다 하더라도 즉각 구조대를 보내야 할지 망설이고 있지는 않을까. 구조대가 출동한다고 하더라도, 어디로 가야 당신을 찾을 수 있을지 모르고 있는 것은 아닐까.

결론부터 말하면, 구조대가 출동해도 당신을 구할 수 있으리라는 보장은 전혀 없다. 왜냐하면 당신이 있는 곳은 그 어떤 일도 장담할 수 없는 정글이기 때문이다.

다시 1990년으로 돌아가보자. 깡통계좌 정리 작전의 디데이D-Day인 10월 10일, 증권사들은 새벽 2시에 기습적인 작전을 감행했다. 온몸으로 작전을 막아내려던 투자자들이 깊이 잠든 사이 모든 상황이 끝나버린 것이다. 투자자들이 고대하던 구조대는 끝내 오지 않았다.

이날 기습작전으로 강제 매각된 주식은 깡통계좌에 들어 있던 2,400억 원의 40퍼센트 정도였다. 나머지 60퍼센트는 최악의 사태를 피할 수 있었다. 투자자들이 담보가치가 부족한 만큼 현금이나 주식을 채워 넣었기 때문이다.

증시는 희생양의 피를 본 다음에야 활기를 되찾았다. 깡통계좌 정리 후 종합주가지수는 13일 동안 30퍼센트 가까이 치솟았다. 깡통계좌 정리로 비참한 최후를 맞은 투자자들의 무덤 위에 증시 회복의 새로운 싹이 자란 것이다. 투자의 정글은 얼마나 비정한 곳인가. 한 생명이 죽음으로써 다른 생명에 자양분이 되는 것은 정글에서나 증시에서나 다르지 않다.

깡통계좌 정리는 일종의 정화 의식이었다. 정글의 부족들이 희생양의 피를 보며 카타르시스를 느끼듯, 깡통을 찬 투자자들을 희생양으로 삼아 주식시장의 기운을 정화하려는 조치였다.

깡통계좌 정리가 새삼 일깨워준 정글의 법칙이 있다. 투자의 정글에 위기가 닥치면 가장 약한 자가 희생양이 된다는 법칙이다. 위기가 닥칠 때면 언제나 이런 희생양이 있게 마련이며, 외환위기 때도 가장 약한 기업과 개인이 첫 번째 희생양이 됐다(외환위기 때의 상황은 다음 장에서 자세히 살펴볼 것이다).

'12·12'와 깡통계좌 정리의 드라마는 까마득한 옛날 일이 아니다. 아직도 그때의 일을 어제 일처럼 생생하게 기억하는 이들이 많다. 본질적으로 '12·12'와 다를 바 없는 투자자 구조작전은 그 후로도 수없이 되풀이됐다. 투자자들이 지나친 탐욕과 집단적 광기에 빠져 위기를 자초하고, 결국 절망 상태에서 정부의 구조를 기다리며 절규하고, 구조에 나선 정부마저 길을 잃고 헤매게 되는 안타까운 일들이 끊이지 않았다.

투자자를 구조하기 위한 '12·12' 작전은 결국 참담한 실패로 끝났다. 깡통을 차게 된 투자자들은 오히려 더 늘어났다. 시장을 정화하는 데 필요한 희생양도 그만큼 늘어났다. 위기를 타개하려는 구조작전이 오히려 더 큰 위기를 부른 것이다. 참으로 안타까운 역설이다.

숱한 투자자 구조작전 가운데 '12·12'를 맨 먼저 이야기한 이유가 있다. 투자자 구조작전에 대한 정부와 투자자들의 미망迷妄을 이보다 더

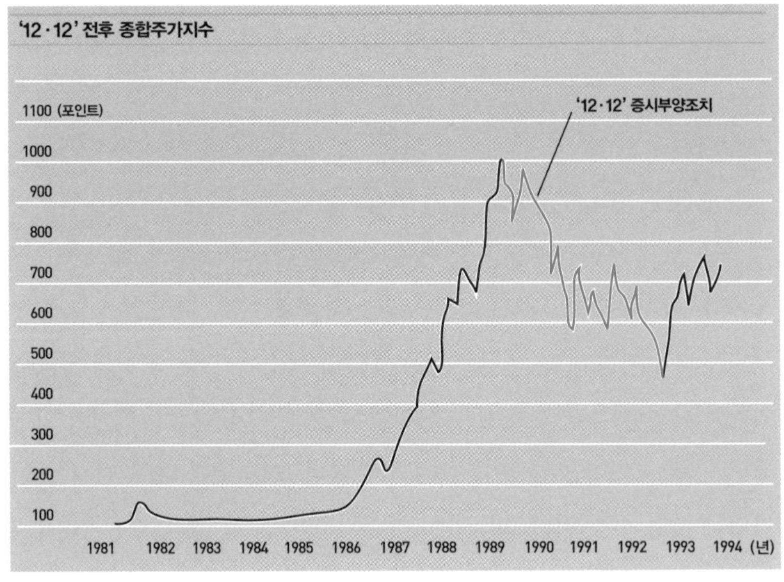

극명하게 보여준 사례가 없었기 때문이다.

주식시장에만 이런 미망이 있는 것은 아니다. 부동산투자자들도 똑같은 미망으로 고통을 겪는다. 이는 비단 '개미'로 불리는 일반 소액투자자뿐만이 아니다. 재벌 총수나 대형 금융기관들도 똑같은 미망에 사로잡혀 위기를 겪는다. 정부가 언제든지 투자자를 구해낼 수 있다는 미망 때문에 한국 경제 전체가 벼랑 끝에 내몰린 적도 있다.

도대체 왜 이런 미망은 사라지지 않고, '12·12'와 같은 어처구니없는 일들이 끊임없이 되풀이되는 것일까. 이 같은 일들이 벌어졌을 때 우리는 어떻게 대처해야 하고 어떻게 해야 살아남을 수 있는지, 그리고 어떻게 하면 위기 속에서 부富를 거머쥘 수 있는지 생각해보자. 이 물음에 답하기 위해서는 먼저 '코리안 풋'을 이해해야 한다. '코리안 풋' 이야기에도 당신 자신의 경우를 대입해보기 바란다.

코리안 풋

우리나라에는 계약 아닌 계약이 하나 있다. 오랫동안 정부 관료와 투자자들의 머릿속에서 굳어진 암묵적 계약이다. 필자는 이 계약 아닌 계약에 특별히 '코리안 풋'이라는 이름을 붙였다.

코리안 타임이 시간 약속을 잘 지키지 않는 한국 사람들의 습관을 말하는 것이라면, '코리안 풋'은 게임의 룰을 지키지 않는 시장 참여자들의 생각과 행동에 관한 것이다. 증권·부동산·외환·신용 시장에서 일어나는 이상한 일들 가운데, '코리안 풋'을 알고 나면 훨씬 분명하게 이해할 수 있는 것들이 많다.

코리안 타임은 한국에만 있다고 할 수는 없다. 약속 시간에 30분 정도

늘는 습관은 한국인에게만 있는 것이 아니다. '코리안 풋'도 한국에만
있는 것은 아니다. 자본주의와 시장경제의 룰을 가장 잘 지킨다는 미국
에도 비슷한 것이 있다. 외국 언론이 말하는 '그린스펀 풋'과 '버냉키
풋'이 그것이다.

'코리안 풋'의 '풋Put'은 '풋 옵션Put Option'을 줄인 말이다. '풋'이니
'옵션'이니 하는 말을 쓰니 왠지 복잡하고 골치 아프게 느껴질지 모르
나 알고 보면 별것 아니다.

'옵션'은 무엇을 선택할 수 있는 권리를, '풋 옵션'은 무엇을 팔 수 있
는 권리를 의미한다. '풋 옵션'을 갖고 있는 사람은 계약 상대방에게 자
기의 물건을 미리 약속한 값에 사라고 요구할 수 있다. '콜 옵션Call
Option'은 반대로 뭔가를 살 수 있는 권리다. 이 옵션을 가진 사람은 상대
방에게 미리 정해진 조건에 따라 어떤 물건을 팔라고 요구할 수 있다.

'풋 옵션'은 투자 손실이 어떤 수준을 넘지 않도록 투자위험을 관리
하기 위한 것이다. 이 옵션을 가진 투자자는 물건값이 오를 때는 그 이
익을 자기가 다 챙길 수 있다. 하지만 물건값이 일정 수준 이하로 떨어
지면 상대방에게 물건을 팔아버릴 수 있다. 더 이상 손실을 볼 까닭이
없는 것이다.

주가지수를 사고파는 경우를 예로 들어보자. 지금 코스피가 2000포
인트이고, 이 지수가 1500포인트 아래로 떨어지면 팔아버릴 수 있는 풋
옵션이 있다고 할 때, 풋 옵션을 가진 이는 25퍼센트 이상 손실을 입지
않는다. 지수가 그 이상 떨어졌을 때 입는 손실은 상대방의 몫이다. 그
러나 주가가 3000포인트가 되든 5000포인트가 되든 주가 상승에 따른
이익은 모두 자기가 챙길 수 있다.

풋 옵션을 걸어놓은 대상이 개별 주식이나 아파트라고 해도 원리는

똑같다. 풋 옵션 보유자는 일정한 수준을 넘어서는 손실은 상대방에게 떠넘길 수 있다. 반면 가격이 오를 때는 이익을 고스란히 챙길 수 있다.

물론 이런 옵션은 절대 공짜가 아니다. 옵션을 사고파는 것은 권리를 사고파는 것과 같다. 투자자들은 그 권리가 과연 어느 정도의 값어치가 있는지 따져본 다음 값을 매긴다. 옵션이 그 값어치에 비해 낮은 가격에 팔릴수록 수요가 늘어난다. 이 권리를 사려는 쪽이 많으면 값이 올라가고, 팔려는 쪽이 많으면 값이 떨어진다.

옵션은 하나의 계약이다. 계약이 성립하려면 상대방이 서로의 권리와 의무를 엄밀하게 규정해야 한다. 그러나 투자자들은 정식으로 이런 계약을 맺지도 않고 옵션을 갖고 있는 것처럼 행동할 때가 있다. 투자자들이 증권시장이나 부동산시장을 띄우라고 정부에 압력을 넣을 때가 바로 그런 경우다.

주가나 집값이 크게 떨어지면 투자자들이 어떻게 반응하는지 잘 지켜보라. 어떤 이들은 마치 정부를 상대로 주식이나 집을 팔아버릴 수 있는 권리라도 있는 것처럼 행동한다. 물론 이들은 정부와 풋 옵션 계약을 맺지 않았다. 옵션에 대한 정당한 값을 치르지 않은 것이다. 그런데도 마치 풋 옵션을 갖고 있는 것처럼 군다. 뻔뻔한 행동이다.

이런 행동이 용인되는 시장은 공정한 시장이 아니다. 주식이나 아파트값이 오를 때는 그 이익을 자기가 고스란히 챙기면서, 값이 떨어지면 그 손실 가운데 일부를 정부에 떠넘길 수 있다면 공정한 게임이라고 할 수 있겠는가. 이는 주식이나 아파트를 갖고 있는 이들에게 일방적으로 유리한 게임일 뿐이다.

그러나 정부가 투자자들의 이런 요구를 잘 받들어 모시는 경우가 많다. 정부가 투자자들의 풋 옵션 행사를 받아줘야 할 의무라도 있는 것처럼 구는 것이다. 정부는 마치 떼를 쓰는 자녀를 못 이기는 부모처럼 투자자들의 무리한 요구까지 들어준다.

앞서 살펴본 '12·12 증시부양조치'가 그 단적인 예다. 투신사에 무제한 주식매입을 지시했던 이 조치는 너무나도 무리한 주가 떠받치기였다. 당시 주식시장은 정치적 논리에 따라 움직였다. 증시부양을 요구하는 투자자들의 시위는 누가 봐도 정치적인 행위였다. 투자자들과 증권업계는 '불안한 민심을 수습하는 차원에서' 또는 '통치권적 차원에서' 특단의 투자자 구제조치를 내놓아야 한다고 요구했다.

정부는 투자자들의 압력에 밀리고 증시가 무너질 것이라는 두려움에 사로잡혀 주가조작이나 다를 바 없는 시장개입에 나섰다. 심지어 한국은행의 발권력을 동원해서라도 주식매입자금을 대겠다며 '오버'하기도 했다.

투자자들은 풋 옵션의 권리를 행사하듯 주식을 팔아치우고, 정부는 옵션 계약의 상대방처럼 주식을 다 받아줬다. 투자자들은 공짜로 행사하는 풋 옵션에 맛을 들였다. 결국 '12·12'는 투자자 시위와 무리한 증시부양의 악순환을 불러왔다.

정부는 '12·12' 후 석 달도 안 돼 또다시 증시부양조치를 내놨다. 이번에는 증권주 신용거래를 허용해 투기적 매수세를 부추겼다. 두 달 후 또 다른 증시안정화 대책을 발표했다. 증시안정기금을 2조 원에서 4조 원으로 늘리는 것을 비롯해 수많은 대책이 망라됐다. 석 달이 지나자 적체된 악성 매물을 소화하기 위해 증시안정기금을 조기에 조성하는 내용의 또 다른 조치가 나왔다.

1992년 5월 정부는 투신사들에게 한국은행 특별융자금과 국고자금 3조 2,000억 원을 지원하는 긴급조치를 단행했다. 6조 원 규모의 빚더미에 짓눌려 증시안정화 기능을 다하지 못하고 있는 투신사를 살리기 위한 것이었다. 석 달 후 '빨리 사(8·24) 조치'가 나왔다. 이 조치는 말 그대로 정부가 기관투자가들에게 주식을 '빨리 사라'고 지시한 조치였다.

당시 재무부는 은행과 보험사를 비롯한 모든 금융기관들에 매일매일 파는 주식보다 사는 주식이 많아야 한다는 원칙을 내려 보냈다. 그리고 금융기관들이 이 원칙을 지키는지 일일이 점검했다. 국민연금기금이나 공무원연금기금을 비롯한 각종 기금과 공제단체들에게까지 적극적으로 주식을 사라고 옆구리를 찔렀다.

침체된 증시는 늪과 같았다. 늪에 빠진 이들이 몸을 빼려고 발버둥칠수록 더욱 깊이 빠져들었다. 증시 침체의 늪에 빠진 투자자와 투자자를 구하려는 정부는 함께 더욱 깊은 수렁으로 빠져들었다. 그 와중에 투자자와 정부 사이에는 하나의 믿음이 형성됐다. 투자자들은 주가가 떨어지면 으레 정부가 주식시장에 개입해 투자 손실을 줄여줄 것이라는 기대를 갖게 됐다. 정부 또한 주가를 떠받치는 것이 당연한 의무라도 되는 양 온갖 수단을 동원해 증시부양에 나섰다. 정부는 증시를 움직이는 '보이는 손'이었다.

부동산시장에서도 똑같은 투자자 구조삭선을 찾아볼 수 있다. 부동산투자자와 건설업계는 부동산시장의 거품이 꺼질 때마다 정부에 획기적인 규제완화와 경기활성화 대책을 요구했다. 이들은 집값이 오를 때는 가만히 있다 집값이 떨어지면 어김없이 정부에 대책을 세우라고 압력을 넣었다.

수출기업들도 마찬가지였다. 수출기업들은 원화값이 올라(환율이 떨어져) 해외시장에서 우리 수출품의 가격 경쟁력이 떨어질 때마다 정부에 대책을 요구했다. 정부가 외환시장에 적극적으로 개입해 원화값을 떨어트려야(환율을 올려야) 한다고 아우성쳤다.

금융기관들도 똑같이 행동했다. 은행을 비롯한 금융기관들은 경기가 좋을 때 무분별한 대출 경쟁을 벌이다 채무자의 부도로 돈을 많이 떼여 위기를 맞게 되면 정부에 손을 벌렸다. 모두가 정부에 풋 옵션을 행사하려 들었다.

정부가 이처럼 무리한 요구를 순순히 들어준 이유는 무엇일까. 정부는 파국을 맞은 투자자들을 구해주지 않으면 자본시장과 나라 경제 시스템 전체가 무너진다는 명분을 내세웠다.

과거, 정부는 투자자라는 어린 자식을 보살피는 부모 같은 존재였다. 자식은 부모의 권위를 인정하고 부모의 말에 순종했으며, 부모는 자식이 실수를 저지르고 괴로워할 때 매몰차게 외면할 수 없었다. 정부와 투자자들의 관계도 그랬다. 정부는 투자자들의 고통을 외면하지 못했다.

그러나 이제 시대가 달라졌다. 정부는 더 이상 가부장과 같은 권위를 갖지 못한다. 가부장적인 보호 본능도 약화됐다. 정부가 정책 결정을 할 때 가장 먼저 의식하는 것은 유권자들의 표다. 정부는 투자자 구제가 득표에 도움이 될까를 먼저 따져본다. 득표에 도움이 된다면 적극적으로 나서고 본다.

이런 정부는 투자자들과의 협상에서 밀리기 쉽다. 투자자들이 나라 경제와 시장 전체를 볼모로 잡고 있는 것처럼 배짱을 부리면 정부가 양보할 가능성이 크다. 그럴수록 투자자들은 더욱 배짱을 부릴 수 있게 된다. 위기가 닥치면 정부가 구제해줄 것으로 기대하고 더욱 무모하게 위험한 투자에 뛰어든다.

그랬다 잘못되면 벼랑 끝 전략으로 버틴다. 이른바 'BJR(배째라)족'이 늘어난다. 정부가 이들에게 밀리면 더 자주, 더 비싼 대가를 치르면서 투자자 구제에 나서야 한다. 한국 정부만 그런 것이 아니다. 선진국에서도 정부가 투자자들의 풋 옵션을 받아주는 경우가 있다.

불공정한 게임

잠시 미국으로 눈을 돌려보자.

국경도 없이 얽히고설켜 있는 투자의 정글에서는 미국 시장의 위기가 곧 당신의 위기가 될 수 있다. 워싱턴과 뉴욕의 거물들이 나누는 은밀한 대화가 태평양 건너 한국 주식시장 개미들의 운명을 바꿔놓을 수도 있다.

당신이 매일 아침 눈을 뜨면 신문과 방송은 지난밤 뉴욕 증시가 어떻게 움직였는지를 전해준다. 어떤 힘이 시장을 그렇게 움직였는지도 분석해준다. 이때 미국 통화정책을 책임지는 연방준비제도이사회FRB의 장의 이름이 자주 등장하는 것은 당연하다.

앨런 그린스펀 전 연준 의장은 한국의 개미들에게도 익숙한 이름이다. 18년 동안 미국 중앙은행을 이끌며 미국 경제가 장기 활황을 이어갈 수 있도록 한 그린스펀은 한때 신으로까지 추앙받았다. 그는 금융위기 때마다 금리를 과감히 끌어내리면서 투자자 구제에 나섰다. 그래서 '그린스펀 풋'이라는 말까지 생겨났다.

그러나 이제 월가의 평가는 달라졌다. 그는 전지전능과는 거리가 먼 인간으로 격하됐다. 미국 금융시장과 세계 경제의 구세주였던 그가 커다란 실수를 저지르는 한낱 인간으로 추락한 것이다. 그린스펀은 낮은 금리를 너무 오래 끌고 가 투기적 거품을 키웠다. 그 업보는 후임자인

벤 버냉키의 어깨를 짓누르고 있다. 거품이 꺼질 때의 고통을 줄이기 위해 또다시 거품을 일으켜야 하는 악순환으로 이어지고 있다.

2007년에는 '버냉키 풋'도 나왔다. 버냉키가 이끄는 연준은 파격적인 금리 인하를 단행했다. 서브프라임 모기지(신용 등급이 낮은 주택담보대출) 부실이 금융시스템 붕괴와 경기침체로 이어지지 않도록 하기 위해서였다.

연준은 2007년 9월부터 불과 7개월 새 기준금리를 7차례나 내렸다. 연방기금 금리를 5.25퍼센트에서 2퍼센트로 3.25퍼센트포인트나 인하한 것이다. 같은 기간 재할인금리는 8차례나 내렸다. 버냉키는 2008년 1월 통화정책회의를 8일 앞두고 긴급회의를 소집했다.

연준은 이날 기준금리를 0.75퍼센트포인트나 내렸다. 8일 후 정례회의 때 다시 0.5퍼센트포인트를 더 내렸다. 버냉키가 이처럼 정례회의 때까지 8일을 못 참고 부랴부랴 긴급금리인하를 단행한 것은, 그가 증시 공황과 금융시스템 붕괴에 대한 공포에 사로잡혀 있었다는 반증일 수도 있다.

2008년 3월에는 미국 5위의 투자은행 베어스턴스가 무너졌다. 이 은행은 1930년대의 대공황도 버텨내며 85년의 역사를 지켜왔지만, 서브프라임 모기지 부실이 빚은 신용위기의 희생양이 됐다. 버냉키의 연준은 파산위기에 몰린 베어스턴스를 살리기 위해 긴급자금지원에 나섰다. 베어스턴스를 인수하는 JP모건체이스를 통해 300억 달러 가까운 자금을 대준 것이다. 이는 여러모로 파격적인 조치였다.

연준은 긴급자금을 지원하는 대신 베어스턴스가 보유하고 있던 자산을 담보로 받았다. 담보가치가 떨어지는 모기지 관련 증권도 마다하지 않았다. 담보가 부실해지면 연준이 수십억 달러의 손실을 볼 수도 있었다.

더 중요한 파격은 연준이 대공황 때인 1930년대 이후 처음으로 투자은행에 긴급자금 지원창구를 열어준 것이다. 중앙은행은 전통적으로 상업은행에만 긴급유동성 지원창구를 열어준다. 상업은행은 수많은 사람들에게서 예금을 받는 은행이다. 이런 은행이 일시적인 자금 부족으로 위기를 겪을 때 중앙은행이 나서서 도와주는 것이다.

이에 비해 증권투자를 주로 하는 투자은행이 위기를 맞았을 때 중앙은행이 직접 구조에 나선 사례는 거의 찾아볼 수 없다. 베어스턴스 지원은 이런 룰을 깼다. 중앙은행이 예금은행뿐만 아니라 증권사에 대해서도 '최후의 대부자' 역할을 자처하고 나선 것이다.

연준의 이런 파격 뒤에는 속사정이 있었다. 사실 베어스턴스는 '무너지도록 내버려두기에 너무나 큰' 금융기관은 아니었다. 자산 규모로 보면 베어스턴스는 그만한 거물급이 못 됐다. 그러나 당시 베어스턴스가 파생금융상품에 엄청나게 물려 있었다는 사실을 알면 이야기가 달라진다. 이 회사가 갖고 있던 스왑계약의 외형은 10조 달러에 이르렀다. 이런 회사가 무너졌더라면 계약 상대방이 어떻게 됐을지 상상하기조차 겁난다. 연준은 바로 이런 위험을 두려워한 것이다.

이제 정리해보자. 자본시상의 위기에 내응하는 한국 징부와 미국 중앙은행의 행태와 논리에서 어떤 공통점을 발견할 수 있을 것이다.

'12·12' 당시 한국은 주식시장 거품이 꺼지는 과정에서 생긴 '깡통계좌' 문제로 골머리를 앓았다. 2007년 이후 미국은 주택시장 거품이 꺼지는 과정에서 발생한 '깡통주택' 문제로 깊은 고민에 빠졌다(깡통계좌는 담보로 잡힌 주식가치가 융자금보다 적은 경우다. 깡통주택은 주택의 담보가치가 대출금에도 못 미치는 경우다).

서브프라임 부실에 따른 신용위기를 맞아 연준은 허둥지둥 금리를 내리고 파산 직전의 투자은행을 구했다. 과거 한국 정부는 몇 조 원씩 나랏돈을 퍼부으면서까지 주가를 떠받치려 했다.

한국 정부나 미국 연준은 똑같은 논리로 시장개입을 정당화했다. 무슨 수를 써서라도, 어떤 대가를 치르더라도 자본시장의 시스템이 무너지는 것부터 막고 봐야 한다는 논리다. 상황이 급박할수록 도덕적 해이 문제는 뒷전으로 밀린다. 무모한 도박에 나선 투자자나 금융기관을 살려주면 버릇을 잘못 들이게 된다는 비판 때문에 우물쭈물하고 있을 겨를이 없다. 지나치게 금리를 내리면 심각한 인플레이션이 일어나지 않을까 걱정하는 것도 나중 일이 된다.

과연 정부와 중앙은행이 어떤 대가를 치르고서라도 투자자 구조작전에 나서야 하는 것일까. 이런 논리에 대한 폴 볼커의 경고는 새겨들을 만하다.

볼커는 그린스펀에 앞서 연준 의장을 맡았던 인물이다. 그는 1970년대에 기승을 부렸던 인플레이션을 잡기 위해 인정사정없이 돈줄을 조였다. 그의 눈으로 볼 때 버냉키의 연준은 너무 쉽게 돈을 풀고 있었다.

이에 대한 볼커의 경고는 준엄했다. 경기침체에 대한 우려가 커지더라도 중앙은행은 통화가치를 지키는 기본적인 책무를 소홀히 해서는 안 된다는 경고였다.

볼커도 정부나 중앙은행이 시장에 일절 개입해서는 안 된다고 주장하지는 않았다. 서브프라임 사태가 너무 위협적이기 때문에 뒷짐만 지고 있을 수는 없다는 점을 인정했다. 그러나 파격적인 '버냉키 풋'은 특정 기관과 투자자들에게 특혜를 주는 것으로 비춰질 우려가 있다고 지적했다.

2008년 4월 초 뉴욕의 이코노믹클럽에서 연설한 그에게 누군가 "아직도 달러의 위기를 예상하고 있느냐"고 물었다. 그의 대답은 간명했다. "위기를 예상할 필요가 없다. 우리는 이미 위기의 한가운데 있기 때문에……."

그즈음 버냉키는 의회에 출석해 연준이 베어스턴스를 구한 것은 불가피한 조치였다고 주장했다. 그는 "만일 베어스턴스가 파산했다면 그 충격은 매우 심각하고, 통제하기가 극히 어려웠을 것"이라며 또한 "충격은 금융시장에 국한되지 않고 실물경제에 광범위하게 영향을 미쳤을 것"이라고 말했다.

바로 이 장면을 1990년 3월 한국 국회 재무위원회의 한 장면과 오버랩 해보자. 당시 재무장관이 '12·12'에 대해 따져 묻는 의원들에게 한 말은 버냉키가 미국 의회에서 한 말과 똑같은 것이었다.

그는 "증시의 불안을 방치할 경우 국민경제에 엄청난 충격이 우려되는 위기상황으로 판단했다"며 "충격을 예방하기 위해 불가피하게 증시 안정화 대책을 강구하게 됐다"고 말했다. 시간과 공간의 차이만 없애면 두 장면은 거의 정확히 오버랩 된다.

정치인들은 궁지에 몰린 투자자들에게 구세주가 되어주고 싶어 한다. 이것은 어느 나라 정치인이든 똑같다. '12·12' 때 투자자 구제를 강력히 촉구했던 한국 정치인이나 서브프라임 사태로 집을 잃게 된 대출자들을 구제하는 법안까지 마련한 미국 정치인이나 마찬가지다.

그러나 투자자 구제에 관한 일반 국민의 인식과 반응에는 차이가 있다. 한국과 달리 미국에서는 투자자 구제조치를 반대하는 목소리가 높다. 서브프라임 대출자 구제조치에도 반대가 많았다. 특히 집 없는 세입자와 젊은 층, 주택 투기를 멀리한 신중한 저축자들의 반발이 컸다.

캘리포니아나 플로리다처럼 부동산 경기 부침이 심한 지역보다는 부동산 거품에서 비켜서 있었던 지역 주민들이 반대를 많이 했다.

이런 분위기를 전하는 2008년 4월 3일자 『파이낸셜타임즈』를 잠시 보자.

> 투자회사 핌코의 P 전무는 "(정부의 구제조치로) 바보들은 보상을 받게 되고, 잘못한 일이 없는 나는 피해를 보게 됐다"고 불만을 터트렸다. 지난 7년 동안 집을 사지 않고 세를 살아온 K 씨는 "정부는 궁지에 몰린 집주인들에게 특혜를 주기 위해 게임의 룰을 바꾸려 하고 있다"며 분통을 터트렸다.
>
> 한 여론조사에서 응답자의 53퍼센트가 "무리하게 돈을 빌려 집을 산 사람들을 정부가 도와줘서는 안 된다"고 답했다. 특히 부실 대출로 위기에 처한 은행들을 도와주는 데 대해서는 반대가 찬성의 네 배에 달했다.

이 신문은 시민들이 베어스턴스 건물 앞에서 이 은행에 대한 당국의 지원을 반대하는 시위를 벌이고 있는 사진을 실었다. 한국의 투자자 시위와 사뭇 다른 장면이다. 한국에서는 투자자 구제조치를 내놓으라는 시위가 많았다. 하지만 투자자 구제를 반대하는 시위는 본 적이 없다.

투자자 구제 문제에 대한 정치권과 정부의 태도에 있어서도 두 나라 사이에 분명한 차이가 있다. 미국 재무장관은 3,000~4,000억 달러의 서브프라임 대출에 정부기관이 보증을 해주자는 법안에 대해 "대출 금융기관의 리스크를 납세자에게 지나치게 전가한다"고 비판했다. 또한 백악관은 "대출 기관과 투기자를 위한 값비싼 구제조치"라고 평가했다. 한 거물급 의원은 "부실 대출을 납세자에게 떠넘기는 것은 불공정하다"고 반대했다.

한국의 정치권과 정부가 이처럼 분명히 투자자 구제조치를 반대하는 것은 본 적이 없다. 모든 정책에는 찬반 논란이 있다. 특히 정부가 지나친 탐욕으로 위기에 처한 투자자를 구제하려 하면 심각한 반대에 부딪칠 수 있다. 이 같은 구제조치가 게임의 공정성을 해치기 때문이다.

현실적으로 정부가 궁지에 몰린 투자자들의 절규를 외면하기는 힘들다. 그들의 위기가 금융시스템과 국민경제 전체의 위기인 것처럼 보일 때는 더욱 그렇다.

그러나 어떤 희생을 치르고서라도 그들을 구해줘야 한다는 논리는 옳지 않다. 이런 논리는 그 희생이 너무 크다고 생각하는 쪽의 반발을 사게 된다. 한 번 구제받은 투자자들이 또다시 같은 실수를 되풀이하는 도덕적 해이에 빠지게 될 위험도 크다.

정부가 투자자들의 요구를 들어주기 시작하면 끝이 없다. 특히 금리 인하는 투자자들에게 마약과 같다. 투자자들은 끊임없이 금리 인하를 요구한다. 마약중독자들은 건강에 아무리 큰 해가 되더라도 일시적인 진통과 환각을 위해 끊임없이 약을 찾는다. 투자자들은 금리 인하가 장기적으로 경제에 부정적인 결과를 낸다 해도, 단기적으로 주가를 올리는 데 도움이 된다면 서슴지 않고 금리 인하를 요구한다.

물론 여기서 말하는 투자자들은 이미 주식을 들고 있는 기존 투자자들이다. 주가가 떨어지면 주식을 사려고 기회를 엿보고 있는 투자자들은 기존 투자자들과는 입장이 정반대다. 부동산투자자들도 마찬가지다. 집값이 오르기만을 바라는 이들이 있는가 하면 떨어지기를 기다리는 이들도 있다.

금리 인하는 벼랑 끝에 몰린 투자자들에게 생명줄이 될 수 있다. 그러나 지나친 탐욕으로 화를 자초한 투자자들을 중앙은행이 나서서 무차별적으로 구제해줘야 하느냐에 대해서는 늘 논란이 많다. 과욕을 부린 투자자들이 응분의 대가를 치르도록 하는 것이 가장 공정한 게임의 법칙이라는 주장과 어느 정도 불공정한 측면이 있더라도 우선 금융시스템 붕괴부터 막고 봐야 한다는 주장이 맞서는 것이다.

사실 중앙은행이 존재하는 한 이미 어느 정도의 도덕적 해이는 불가피하다. 돈줄이 마른 금융시장에서 마지막으로 믿을 구석은 중앙은행밖에 없기 때문이다. 극단적인 경우, 금융시스템이 완전히 무너져 경제가 마비될 지경에 이르면 중앙은행과 정부는 일단 돈부터 풀고 보는 수밖에 없다.

버냉키의 공격적 금리 인하에서 보듯이 선진국에도 '풋'이라는 계약 아닌 계약이 분명히 있다. 하지만 한국 정부의 유별난 투자자 구제 관행은 특별히 '코리안 풋'이라 부를 만하다. '코리안 풋'은 선진국들의 '풋'보다 더욱 노골적이고 빈번하게 일어난다. 적어도 지금까지는 그랬다.

그러나 중요한 것은 앞으로도 그런 행태가 계속해서 이어질 것인가이다. 앞으로도 정부는 주식시장이 얼어붙으면 어떤 형태로든 시장에 개입해 투자자들의 손실을 줄여주고, 부동산시장의 거품이 갑자기 꺼지면 과감한 규제완화를 통해 시장을 살려주고, 원화값이 가파르게 올라 수출기업들이 못 살겠다고 아우성치면 외환시장에 적극적으로 개입해 원화값을 떨어트려줄지 말이다.

'코리안 풋'은 과연 눈에 보이는 계약서가 없어도 여전히 유효하고 믿을 만한 계약인 것인지, 과거에는 관행처럼 받아들여지던 '코리안 풋'이 이제 휴지조각이 돼버린 것은 아닌지 곰곰이 생각해봐야 한다. 설사 정부가 투자자들의 풋 옵션을 받아줄 의지가 있다 하더라도 실제로 그럴 만한 능력이 있는가 하는 것은 또 다른 문제다.

또 한 가지 당신이 심각하게 고민해봐야 할 문제가 있다. 정부가 투자자 구조작전에 나선다면 과연 당신은 몇 번째로 구조될 것인가 하는 문제다. 정부가 당신에게 맨 먼저 구조의 손길을 내밀어줄 것이라고 믿는 것은 커다란 착각일 수 있다.

한국 경제 구조헬기는 누구를 먼저 태울까

사상 최대의 투자자 구조작전은 1997년에 시작됐다. 외환위기를 맞은 '주식회사 한국'을 구조하는 작전이었다. 필사적인 구조작전 덕분에 한국 경제는 금세 기력을 되찾았다. 정부는 원화값을 뚝 떨어트리고 돈을 홍수처럼 퍼부었다. 이는 탈진한 사람에게 아드레날린을 푹 찔러 넣는 것과 같은 효과를 냈다.

'구조조정'이라는 쓴 약으로 경제의 체질을 강화하려는 노력도 있었다. 하지만 아드레날린 주사로 이내 기력을 회복한 기업과 개인들은 입에 쓴 약을 외면했다.

원화값을 떨어트리고 대규모 유동성을 공급하는 정책은 주로 수출 대기업을 위한 것이었다. 내수기업과 중소기업, 개인투자자들은 뒷전이었다.

달러당 원화 환율은 1996년까지만 해도 800원 남짓이었다. 외환위기 직후인 1998년에는 1,400원 가까이 올랐다. 국가 부도위기가 최고조에 달한 1997년 12월 23일 원화 환율은 달러당 1,995원까지 치솟기도 했다. 달러당 원화 환율이 오른다는 것은 미국 돈 1달러를 사기 위해 더 많은 원화를 줘야 한다는 뜻이다. 그만큼 원화의 상대적인 가치가 떨어진 것이다.

외환위기로 원화가치가 크게 떨어짐에 따라 한국 기업들은 해외시장에서 물건을 외환위기 이전보다 훨씬 더 싸게 팔 수 있게 됐다. 1996년에는 우리 물건을 미국 시장에서 1달러에 팔고 이 돈을 원화로 바꾸면 800원 남짓 받을 수 있었다. 그러나 1998년에는 1,400원 가까이 받을 수 있었다. 그만큼 물건값을 깎아줄 수 있는 여유도 생겼다. 100달러에 팔던 물건을 57달러만 받고 팔아도 원화로 따지면 손해를 보지 않게 된 것이다. 이렇게 값을 깎아주면 물건이 더 많이 팔리는 것은 당연하다.

제품이 좋아 굳이 물건값을 깎아줄 필요가 없는 기업은 떼돈을 벌게 됐다. 1996년에는 100달러짜리 물건을 팔면 8만 원을 받았지만, 1998년에는 14만 원 가까이 받을 수 있게 됐기 때문이다. 기술력이 뛰어난 수출 기업들은 그야말로 날개를 단 셈이었다.

이에 따라 무역흑자는 크게 늘어났다. 1997년 이전 8년 동안 우리나라는 상품과 서비스 교역에서 모두 600억 달러 가까운 적자를 기록했다. 하지만 외환위기 직후인 1998년부터 10년 동안은 1,800억 달러 이상 흑자를 냈다. 이는 1990년대에 누적된 적자의 3배가 넘는 규모다. 무역흑자는 1998년 한 해에만 400억 달러를 넘었다.

한국의 간판기업인 삼성전자의 순이익은 외환위기가 터진 1997년에는 1,000억 원대에, 이듬해에는 3,000억 원대에 머물렀다. 그러나 1999년 순이익은 3조 원에 이르렀다. 한 해 전과 비교해 10배로 는 것이다. 2000년에는 다시 그 2배인 6조 원으로 늘었다. 2004년에는 10조 원을 넘어서 사상 최대치를 기록했다.

삼성전자의 순이익이 급증한 것이 모두 환율 상승 덕분만은 아니다. 그러나 환율 상승으로 해외시장에서 삼성전자 제품의 가격 경쟁력이 크게 높아진 것은 분명하다.

외환위기로 수많은 기업들이 쓰러졌지만, 위기에서 살아남은 기업들은 오히려 외환위기 이전보다 더 잘나가게 됐다. 결과적으로 외환위기는 경쟁력이 있는 수출 대기업들에 천재일우의 기회가 된 셈이다.

그 기회를 알아본 투자자들은 대박을 터트렸다. 삼성전자의 주가는 1997년 12월 3만 5,000원대였다. 2000년 7월에는 39만 원, 2006년 1월에는 74만 원대로 치솟았다. 2년 반 만에 11배, 8년 만에 21배로 뛴 것이다.

정부는 원화가치뿐만 아니라 금리도 한껏 떨어트렸다. 한국은행 기준금리(2008년 3월 이전은 콜금리 목표치)는 2000년 10월 5.25퍼센트였다. 한국은행은 그 후 4년 동안 모두 9차례에 걸쳐 3.25퍼센트까지 금리를 내렸다. 경제개발이 시작된 이래 이처럼 낮은 금리는 처음이었다. 금리를 내리면 빚을 많이 진 쪽이 이득을 본다. 이자부담이 가벼워지기 때문이다. 반면 저축을 많이 하거나 돈을 빌려주는 쪽은 이자수입이 줄어든다.

돈을 많이 빌리는 쪽은 공장을 짓고 생산설비를 들이기 위해 은행 대출을 받는 기업들, 채권을 발행하는 기업들, 그리고 대출을 받아 집을 사는 개인들이다. 통화정책당국이 금리를 내릴수록 이들은 이득을 본다.

돈을 많이 빌려 쓴 이들이 심각한 위기를 맞을 때 정책당국이 어쩔 수 없이 금리를 내려주는 경우도 있다. 빚더미에 깔린 이들을 구해주려는 것이다. 그러나 정책당국이 투자자 한 사람 한 사람을 보고 금리를 내리지는 않는다. 금리 인하의 주 목적은 금융시스템이 원활하게 돌아가도록 하는 것이다.

　한국은행은 투자자 개개인이 얼마나 손실을 입었는지 일일이 신경 쓰지 않는다. 부실기업이나 금융기관의 주인이 누구로 바뀌는지도 주된 관심사가 아니다. 너무도 당연한 말이다. 하지만 늘 이 대목에서 가장 심각한 오해가 생긴다.

　시장에 돈이 돌지 않아 동맥경화와 같은 현상이 일어나면 한국은행이 어느 정도 풀어줄 수 있다. 그러나 한국은행이 투자자 개개인의 막힌 돈 흐름까지 뚫어줄 수는 없다. 한국은행 총재는 슈퍼맨이 아니다. 그에게는 종횡무진으로 날아다니며 추락하는 이들을 일일이 받아줄 수 있는 초능력이 없다.

　투자자들은 금리 인하가 만병통치약이 아니라는 점을 알아야 한다. 금리를 아무리 낮춰도 소용없을 때가 있기 때문이다. 공황상태에서는 금융기관도 돈을 빌려주지 않고, 기업은 장기 투자를 위해 돈을 쓰지 않는다.

　정치인과 투자자들은 언제나 금리만 낮추면 모든 문제가 풀릴 것으로 생각하고 한국은행을 닦달한다. 그러나 그 결과는 늘 기대에 미치지 못한다. 일시적인 유동성 부족으로 어려움을 겪는 금융기관에만 긴급 수혈을 하지 않고 무차별적으로 금리를 내리면 인플레이션 압력이 커지는 문제도 있다.

　한국은행은 인플레이션이 나중에 걱정할 문제라며 제쳐둘 수 있다. 그러나 이런 정책이 당신에게 미치는 영향은 심각하다. 인플레이션에 가장 취약한 계층은 상대적으로 큰 피해를 볼 수 있다. 주식 한 주, 땅 한 조각, 사업체 하나 갖지 않고 오로지 근로소득으로만 살아가는 이들은 인플레이션에 무방비하다.

정글경제에서는 – 구조대를 믿지 마라

우리의 정글경제 탐험은 모두 일곱 단계로 이뤄진다. 그중 첫 번째 단계를 이제 막 지났다. 이쯤에서 몇 가지 포인트를 정리하고 가자. 투자의 정글에서 위기를 맞을 수도 있는 당신은 먼저 세 가지 물음을 던져야 한다.

첫째, 앞으로도 정부는 투자자 구조작전에 결연히 뛰어들까.
둘째, 정부가 투자자 구조작전에 나선다면 성공할 수 있을까.
셋째, 구조작전이 펼쳐질 때 당신은 맨 먼저 구조될 수 있을까. 구조작전 때문에 오히려 더 큰 위기를 맞게 되지는 않을까.

당신은 지금쯤 필자의 결론을 대강 짐작할 수 있을 것이다. 투자의 정글에서 당신을 구할 수 있는 이는 오로지 당신 자신뿐이라는 것이다. 정부가 당신을 구해줄 것이라는 막연한 기대는 철저히 지워버려야 한다.

앞으로 정부가 투자자 구조작전에 나서는 일은 갈수록 줄어들 것이다. 특히 정부가 무리한 증시부양조치를 내놓기는 섬섬 너 어려워질 것이다. 정부가 '12·12' 때처럼 주가조작에 가까운 시장개입에 나설 가능성은 전혀 없다. 또한 투자자들의 압력과 정치적 고려에 따라 인위적으로 주가를 받쳐줄 것이라는 기대는 아예 하지 말아야 한다.

그러나 아직도 시대착오적인 생각을 하는 이들이 많다. 증시위기가 고조되면 으레 정부가 증시부양에 나설 것이라는 기대감을 투자자들에게 불어넣는 증권업계 전문가들이 있다. 이들은 이미 기진맥진한 투자자들에게 속삭인다. 조금만 더 기다려보라고, 정부의 긴급 구조작전이 시작되면 단숨에 손실을 만회할 수 있을 것이라고. 그런 말은 공포에 질린 투자자들에게 어느 정도 위안을 줄지도 모른다. 그러나 그 말을 무턱대고 믿다가는 낭패를 볼 것이다.

'12·12'의 경험에 비춰보자. '12·12'처럼 필사적인 구조작전조차 투자자들을 완전히 구조하지는 못했다. 증시부양조치는 투자자들이 폭락장을 탈출할 수 있는 마지막 기회를 주었을 뿐이다. 그것도 아주 잠깐 동안만.

투자자들과 증권업계가 증시안정화 대책을 내놓으라고 절규할 때 당신은 가능한 한 빨리 그 아수라장을 벗어나야 한다. 그렇게 하지 않으면 살아남는 것조차 어려워질 수도 있다.

'정부의 증시안정화 대책이 나오면 주가가 분명히 오를 테니 손실을 만회하려면 주가가 떨어질 때마다 주식을 더 사서 평균 매입단가를 낮춰야 한다'고 꾀는 증권업계 전문가가 있다면, 그의 투자지능을 심각하게 의심해보라. 그런 단세포적인 분석밖에 할 수 없는 전문가라면 다시 만날 필요가 없다.

외환시장이나 부동산시장에서도 마찬가지다. 정부가 무리하게 원화값을 떨어뜨리기(환율을 올리기) 위해 노골적으로 외환시장에 개입하는 것은 갈수록 어려워질 것이다. 정부가 일시적으로 원화값을 움직일 수 있을지는 몰라도 시장의 큰 흐름을 거스를 수는 없다.

수출을 늘리기 위해 인위적으로 원화값을 떨어뜨리면 반발할 사람들도 많아졌다. 외국 돈을 많이 빌려 쓴 사람들이나 외국 상품을 수입해야 하는 사람들이 그들이다. 원화값이 오를 것이라는 쪽에 베팅한 모든 기업과 투자자들도 저항할 것이다. 원화가치(구매력)가 떨어지면 물가가 오른다는 점도 원화 약세를 유도하는 시장개입을 어렵게 만들 것이다.

주제넘은 정부 관료들이 '원화값이 어느 정도 이상 오르지 않도록 막겠다' 거나 '집값이 어느 정도 이상 떨어지지 않도록 막겠다'고 말할 때, 그들이 과연 그런 힘이 있는지 냉정하게 따져보라.

정부가 투자자 구조에 나선다 하더라도 작전이 성공할 가능성은 과거에 비해 크게 낮아졌다. 시장규모가 과거와는 비교할 수조차 없을 정도로 커졌기 때문이다. 정부의 '보이는 손'이 아무리 크더라도 거대해진 시장을 움직일 수는 없다. '12·12' 증시부양조치가 있었던 1989년 말 상장주식 시가총액은 95조 원, 2007년 말 시가총액은 1,051조 원에 이르렀다. 상장주식의 3퍼센트만 사려고 해도 30조 원이 넘는 실탄이 필요하다.

지금처럼 외국 자본이 자유롭게 드나들 수 있게 된 시장에서는 정부의 영향력이 더 떨어진다. 정부의 개입으로 시장이 왜곡될 때 눈치 빠른 외국 투자자들은 가만있지 않을 것이다. 주가나 금리, 환율, 부동산 가격이 무리한 시장개입으로 적정수준을 벗어났다고 판단되면 재빨리 반대쪽으로 베팅해 이득을 얻으려 할 것이다. 정부 관료가 이들에게 주식을 사라고 '지시'하는 일은 꿈도 꿀 수 없는 일이다.

유동성 가뭄 때보다는 유동성 홍수 때 피해자를 구조하기가 더 힘들다는 점도 알아야 한다. 이미 돈이 홍수처럼 넘치는데 돈을 풀어서 시장을 띄우기는 극히 어렵다.

한국은 지난 10년 동안 사상 최저 금리의 단맛을 즐겼다. 그러나 이제는 인플레이션을 걱정해야 한다. 더 이상 돈을 펑펑 풀 수도 없고 원화값을 억지로 뚝 떨어트릴 수도 없다(유동성 홍수에 대해서는 다음 장에서 자세히 알아볼 것이다).

정부가 투자자 구조에 나선다 하더라도 당신이 먼저 구조되는 것은 아니다. 저금리나 고환율 정책은 투자자 한 사람 한 사람을 구하기보다는 수출과 투자를 늘려 경제성장을 부추기거나 금융시장의 동맥경화를 풀어 돈이 돌

수 있도록 하기 위한 것이다. 이런 목적으로 금리를 내리거나 환율을 올릴 때 당신은 오히려 피해를 볼 수도 있다.

정부의 경제 관료들은 아직도 '한국은 수출로 먹고사는 나라' 라는 생각에 젖어 있다. 경제가 어려워지면 정부는 수출 대기업에 먼저 도움의 손길을 내민다. 원화값을 떨어트려 수출기업들이 외국 기업들과의 가격 경쟁에서 이길 수 있도록 도와주는 것이다.

외환위기 이후 정책기조가 그랬다. 이명박 정부 첫 경제팀도 그런 생각을 분명히 드러냈다. 외환위기 후 환율이 크게 올랐을 때 삼성전자의 순이익은 급증했고, 주가는 급등했다. 2008년 봄에도 그랬다.

수출 대기업 위주의 성장정책이 두드러질 때 내수기업은 더 어려워질 수 있다. 물가가 올라 봉급쟁이의 삶도 더 팍팍해질 수 있다. 당신이 '기러기 아빠' 라면 환율이 오른다는 뉴스를 들을 때 가슴이 철렁할 것이다. 토끼 같은 아들딸에게 보내는 돈이 줄어들기 때문이다. 외국 물건을 많이 수입해야 하는 기업에게도 환율 상승은 반갑지 않은 소식이다. 같은 양을 수입해도 훨씬 많은 돈을 지불해야 하기 때문이다.

정부의 무리한 개입은 시장을 혼란스럽게 만들 뿐이다. 대세를 돌려놓지도 못하고 게임의 공정성만 해치게 된다. 2008년 봄 정부가 환율 상승(원화가치 하락)을 부추긴 것이 대표적인 예이다. 환율 상승이 인플레이션 압력을 높이는 부작용이 심각해지자 정부는 돌연 환율을 끌어내리기 위해 시장에 개입했다. 갈팡질팡하는 환율정책에 경제팀에 대한 신뢰는 뚝 떨어지고 시장 참여자들은 큰 피해를 입었다.

이제 마지막 결론을 말할 때다. 투자자가 '코리안 풋' 만 믿고 배짱을 부리는 것은 극히 위험한 전략이다. 구조 헬리콥터에 가장 먼저 올라탈 수 없는 투자자라면 더 말할 것도 없다.

02

폭풍우 뒤 하늘은 더 맑다

일본인들은 대지진을 예측할 수 있다는 생각을
몇 십 년 동안 키워왔다.
고베지진의 끔찍한 경험에도 불구하고 여론조사 응답자의 절반은
여전히 장래에 일어날 지진에 대한
적절한 경보가 내려질 것으로 기대하고 있다.

– 1997년 7월 31일자 『이코노미스트』 중에서

물론 나는 알고 있다.
오직 운이 좋았던 덕택에
나는 그 많은 친구들보다 오래 살아남았다.

– 베르톨트 브레히트의 『살아남은 자의 슬픔』 중에서

정글에서는 언제든 난폭한 비바람이 당신의 지친 어깨를 덮쳐올 수 있다. 뿌리가 깊지 않은 나무와 피난처를 찾지 못한 동물이 기습적인 폭우에 먼저 희생된다.

당신은 늘 폭풍우의 전조前兆를 살펴야 한다. 정글에서는 적막함조차 위기의 조짐일 수 있다. 정글의 동물들이 본능적으로 피난처를 찾아 이리저리 뛸 때 혼자 우두커니 서 있어서는 안 된다.

정글경제의 위기는 어떤 생명체들에게는 파멸을 뜻한다. 그러나 그 위기에서 살아남은 생명체들은 더욱 맑은 공기와 찬란한 햇빛을 누릴 수 있다. 폭풍우를 견뎌낸 이들은 여기저기 떨어진 달콤한 열매를 주워 담기만 하면 된다.

살아남은 자의 슬픔

벼랑 끝에서는 아차 하는 순간 삶과 죽음이 갈린다. 1997년 12월 23일이 바로 그런 순간이었다.

당시 한국은 국가부도 위기에 몰려 있었다. 이날 3년 만기 회사채수익률은 31퍼센트였다. 이 채권을 사면 3년 동안 매년 31퍼센트씩 이익을 올리는 것이다. 이날 1억 원어치의 회사채를 샀다면 3년 후 2억 2,480만 원을 손에 쥐었을 것이다[$(1.31)^3=2.2480$]. 2008년 5월 18일 같은 등급의 회사채수익률은 5.9퍼센트였다. 이 회사채 1억 원어치를 사면 3년 후 1억 1,876만 원을 받게 되는 것이다[$(1.059)^3=1.1876$].

환란 당시 채권시장에서 얼마나 큰 대박의 기회가 있었는지 알 수 있다. 그러나 과연 위기의 한가운데서 그 기회를 거머쥔 이들은 몇이나 될까. 그 정도로 배짱이 있었던 이들은 많지 않을 것이다.

기업이 망하면 회사채도 휴지조각이 된다. 당신은 아무리 큰 이익이 난다 하더라도 마다하고, 그나마 안전할 것 같은 은행으로 달려갔을 수도 있다. 물론 국가부도가 나는 마당에 은행이라고 무사하리라는 보장은 없었지만 말이다.

외환위기의 암운이 짙어지던 1997년 6월 중순 종합주가지수는 792 포인트로 고점을 찍었다. 국가 부도위기가 한껏 고조되던 그해 12월 중순 종합주가지수는 350포인트까지 추락했다. 날개 없는 추락이었다. 투자자들은 불과 반 년 만에 보유 주식의 가치가 55퍼센트나 떨어지는

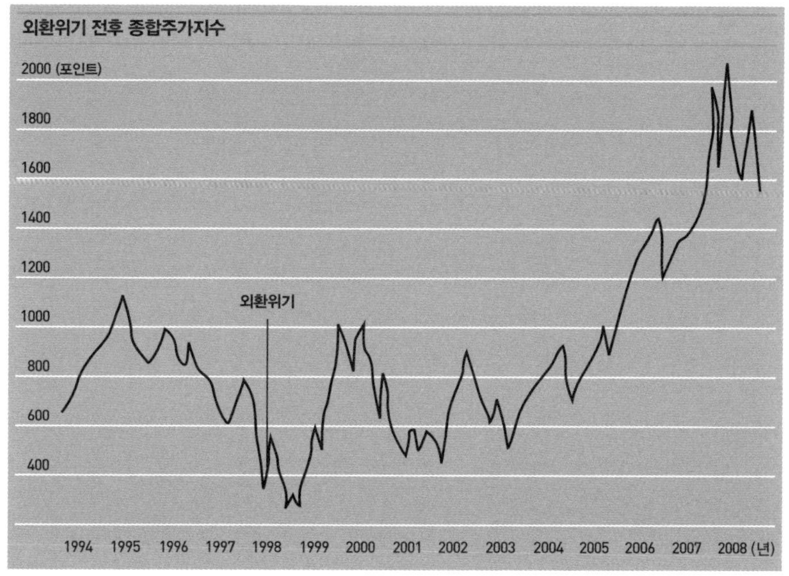

공황을 경험해야 했다.

종합주가지수는 잠시 500대로 반등했다 다시 급락했다. 이듬해 6월 중순에는 280포인트까지 곤두박질했다. 주식가치는 꼭 1년 만에 3분의 2가 날아갔고, 주식시장에서는 단 한 가닥의 희망도 찾아볼 수 없었다. 투자자들은 당장 세상의 종말이 올 것처럼 앞 다투어 주식을 내던졌다.

그러나 이들은 그 후 시장의 비정함에 다시 한번 치를 떨게 된다. 주가가 갑자기 수직 반등했기 때문이다. 깜깜한 절망에 휩싸여 있던 주식시장이 갑자기 환하게 밝아졌다. 꽁꽁 얼어붙었던 투자심리는 이글거리는 탐욕으로 바뀌었다. 종합주가지수는 1999년 7월 중순 1052포인트까지 치솟았다. 1년 남짓한 기간에 275퍼센트나 뛴 것이다. 말 그대로 폭발적 상승이었다.

돌이켜보면 최악의 경제위기였다던 환란은 최대의 투자기회였다. 그러나 위기의 정점에서 황금의 기회를 거머쥘 배짱이 있는 이들은 얼마 되지 않았다. 당신은 1년 남짓한 기간에 주식가치를 3.75배로 불리는 행운이나 국가부도의 벼랑 끝에서 삼성전자 주식을 사모아 2년 반 만에 11배로 재산을 불리는 기회를 잡는 것은 고사하고, 주가가 추락할 때 주식을 몽땅 내던졌다 주가가 수직 반등하자 허겁지겁 추격매수에 나서 곱절로 손실을 입지는 않았는가.

외환위기 후 보통 사람들의 운명은 극명하게 엇갈렸다. 한국호가 침몰하는 위기에서도 정신을 차리고 앞을 내다봤던 이들에게 환란은 그야말로 절호의 기회였다. 위기 때 쓰러진 이들은 좀처럼 재기하지 못했다. 그러나 위기 때 잘 버티고 대박의 기회를 잡았던 이들은 별안간 신분이 상승했다.

외환위기 전후 근로자 가구 소득 증가율 (단위 = %)

구분	외환위기 전 10년	외환위기 후 10년
상위 10% 계층	279	74
평균	313	60
하위 10% 계층	342	34

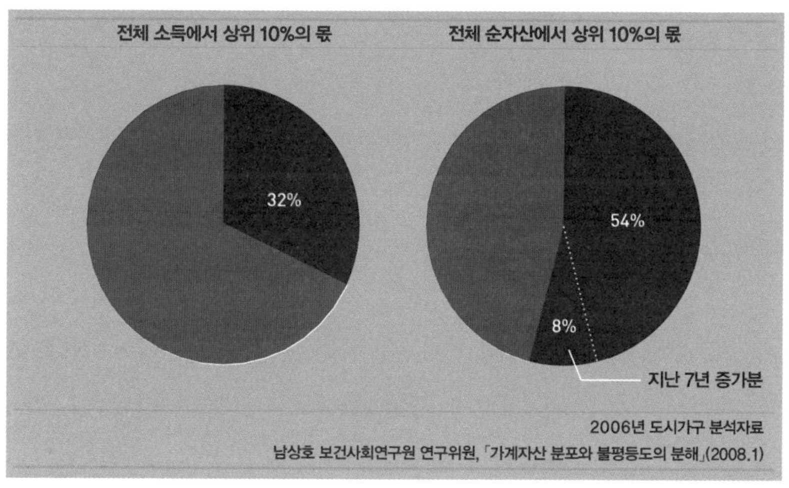

외환위기 후 우리나라 가구의 소득과 부의 불평등은 더욱 커졌다. 외환위기가 터지기 전 10년 동안은 저소득층이 상대적으로 선전했다. 이 시간 중 근로자 가구의 연간 소득을 보면 상위 10퍼센트 계층의 소득이 279퍼센트 늘어나는 동안 하위 10퍼센트 계층의 소득은 342퍼센트 증가했다. 하위 10퍼센트 계층의 소득 증가율이 63퍼센트포인트 높았다.

외환위기 이후 10년 동안은 그 반대였다. 이 기간 중 근로자 가구의 연간 소득은 평균 60퍼센트 늘었다(1997년 2,744만 원 → 2007년 4,410만 원). 같은 기간 소득 상위 10퍼센트에 드는 가구의 연 소득은 74퍼센트 증가했다(6,107만 원 → 1억 659만 원). 이에 비해 하위 10퍼센트 가구의 연 소득은 34퍼센트 늘어나는 데 그쳤다(875만 원→1,181만 원).

상위 10퍼센트의 소득 증가율은 하위 10퍼센트보다 40퍼센트포인트 높았다. 1997년 상위 10퍼센트 계층의 소득은 하위 10퍼센트 계층의 7배 가까운 수준이었다. 10년 후에는 그 격차가 9배로 벌어졌다. 저소득층은 외환위기라는 거대한 폭풍우로 가장 큰 타격을 입었다. 출혈이 적었던 고소득층과의 격차는 크게 벌어졌다.

재산소득만 따져봤을 때 격차는 더 뚜렷이 드러난다. 재산소득은 예금 이자와 주식 배당소득, 부동산 임대료와 같이 보유자산에서 나오는 소득이다. 주식과 부동산 시장이 지옥에서 천당으로 바뀌는 과정에서 어떤 판단을 했느냐에 따라 재산소득 격차는 크게 벌어졌다.

소득이 아니라 자산을 보면 격차가 더 벌어진다. 2006년 우리나라 도시 가구의 소득 중 상위 1퍼센트 고소득자가 차지하는 몫은 9퍼센트였다. 이에 비해 전체 순자산에서 상위 1퍼센트 부자가 차지하는 몫은 17퍼센트 가까운 수준이었다. 이들의 몫은 7년 전에 비해 7퍼센트포인트 커졌다. 전체 소득에서 상위 10퍼센트 고소득자의 몫은 32퍼센트였다. 이에 비해 전체 순자산에서 상위 10퍼센트 부자의 몫은 54퍼센트를 웃돈다. 7년 전의 46퍼센트에서 더 커졌다.

소득에 비해 자산 보유의 불평등이 훨씬 심하다는 사실을 알 수 있다. 지난 7년 동안 이처럼 자산 보유의 불평등이 심해진 것은 대부분 부동산 가격이 급등한 탓이다. 비교를 위해 잠시 2006년 8,275 가구를 대상으로 조사한 자산 보유 실태를 살펴보자.

전체 가구의 순자산(총자산에서 부채를 뺀 금액)은 평균 2억 4,164만 원이었다. 소득 상위 20퍼센트 가구의 순자산(5억 1,913만 원)은 하위 20퍼센트의 순자산(1억 1,570만 원)의 4.5배 가까운 수준이었다. 그리고 상위

20퍼센트가 보유한 부동산(4억 6,852만 원)은 하위 20퍼센트가 보유한 부동산(1억 316만 원)의 4.5배를 웃돌았다. 가구주가 대졸 이상 학력을 보유한 집의 순자산은 3억 7,666만 원이었다. 이는 가구주가 고졸 학력인 집(2억 218만 원)보다 86퍼센트, 중졸 학력인 집(1억 7,644만 원)보다 113퍼센트 많은 것이었다.

2000년 이후 저금리가 지속되는 동안 빚을 얻어 집을 산 이들은 자산을 크게 불릴 수 있었다. 2006년 우리나라 가계의 빚은 2000년에 비해 4.5배로 늘어났다. 이 빚은 대부분 부동산을 사는 데 쓰였다. 전체 주택담보대출의 70퍼센트 이상을 차지하는 은행 주택담보대출은 2007년 말 222조 원에 달했다. 지난 2000년(54조 원)의 4배가 넘는 규모다.

외환위기 때 지옥의 문턱까지 갔다 온 이들이 있는가 하면 끝내 지옥에서 빠져나오지 못한 이들도 헤아릴 수 없이 많다. 외환위기 이후 오히려 부자가 된 이들은 자신이 누군가의 희생을 딛고 일어섰다는 점을 알게 됐다. 의도하지는 않았더라도 결과적으로 그렇게 된 것이다.

종합주가지수가 280포인트일 때 참담한 심정으로 주식을 내던진 사람들이 있었다. 그들이 없었다면 그 주식을 산 이들이 대박을 터트릴 수도 없었을 것이다. 주택담보대출이자가 눈덩이처럼 불어나자 눈물을 머금고 집을 내놓은 사람들도 많았다. 그들이 있었기에 철값에 집을 사 신흥부자로 떠오른 이들도 있었다.

누군가의 희생으로 부자가 됐다 하더라도 죄책감에 너무 괴로워할 필요는 없다. 정글경제는 원래 그런 곳이다. 하지만 살아남은 자의 아련한 슬픔은 어쩔 수 없다. 살아남은 자가 희생된 자를 한 번쯤 생각하는 것은 인간의 본성이니까.

위기는 지진처럼 오고 산불처럼 번진다

우리는 투자의 정글에서 누군가의 위기는 곧 다른 누군가의 기회가 될 수 있음을 보았다. 투자의 정글에서는 위기를 예견하고 대비한 이들이 기회를 잡을 수 있었다. 당신은 언제 얼마나 큰 위기가 올지 내다볼 수 있는가. 타임머신을 타고 미래를 다녀오지 않는 한 정확하게 위기를 예측하는 것은 불가능하다.

하지만 당신은 끊임없이 위기와 마주하게 될 것이다. 당신이 정글경제에서 살아가는 한 크고 작은 위기를 피할 수 없을 것이다. 위기의 불씨는 정글 곳곳에 산재한다.

산불이나 지진 같은 자연재해를 잘 살피면 경제와 시장의 위기가 어떻게 오고, 또 어떻게 번지는지 이해할 수 있을 것이다. 그러나 시장에서나 자연에서나 진정한 위기는 예측할 수 없다. 예측할 수 있는 위기는 이미 위기가 아니다.

정확히 예측할 수 없다고 해서 예측을 포기할 수는 없다. 끊임없이 위기의 불씨를 찾아내야 한다. 위기를 깊이 이해하고 대비하는 것은 투자의 정글에서 가장 중요한 생존의 노하우다.

그럼 지금부터 위기의 속성에 대해 더 깊이 생각해보자. 당신도 외신을 통해 지켜봤을 거대한 산불과 지진에서 복잡한 생각을 풀어낼 실마리를 찾을 수 있을 것이다.

2007년 10월 거대한 화마火魔가 미국 캘리포니아 남부를 휩쓸었다. 바싹 마른 산에 사막 강풍까지 불어와 불길은 걷잡을 수 없이 번져나갔다. 이 맹렬한 화마는 불과 일주일 새 50만 에이커(2,023제곱킬로미터) 이상을 집어삼켰다. 서울 면적(605제곱킬로미터)의 3배가 넘는 산이 시커먼 폐허로 남았다.

예상하지 못한 재앙에 인간은 너무나 무력했다. 첨단 기술과 장비를 모두 동원했지만 불길을 초기에 진압하는 데는 완전히 실패했다. 작은 불씨에서 비롯된 산불이 이처럼 거대한 화마로 돌변할 줄은 아무도 몰랐다.

1988년 6월 미국 와이오밍 주 옐로스톤 국립공원에서 난 산불은 훨씬 더 위력적이었다. 그해 여름 내내 타오르다 가을 첫눈이 올 때가 돼서야 물러간 이 산불은 서울 면적의 10배인 150만 에이커(6,070제곱킬로미터)의 산을 태워버렸다. 우리나라에서 일어나는 산불은 아무리 큰 규모라 하더라도 옐로스톤을 휩쓴 화마에 비하면 한낱 모닥불에 지나지 않는다.

옐로스톤에서는 한 해 수백 건의 산불이 난다. 번개 때문에 자연 발화되는 경우가 많다. 보통 작은 언덕 한두 개쯤 태우고 저절로 사그라진다. 대부분은 숲 속의 평화를 깨지 않고 물러간다. 그러나 늘 그렇게 얌전히 물러가는 것은 아니다. 산불은 언제나 조그만 모닥불처럼 시작하지만 때로 무서운 불 폭풍으로 돌변하기도 한다.

1988년에 일어난 옐로스톤 산불도 그 시작은 미약했다. 처음부터 이 산불을 특별히 경계한 이는 아무도 없었다. 이 산불은 비가 오면 꺼지는 듯했다 다시 살아나기를 되풀이했다. 그러다 여기저기서 일어난 조그만 산불이 합쳐지면서 기세를 더해갔다. 산불은 7월 중순 들어 날씨가 건조해지고 바람이 거세지자 갑자기 광포해지기 시작했다.

이 광포한 화마를 잠재우기에 인간의 힘은 너무나 보잘것없었다. 이 괴물은 결국 한껏 기승을 부리고 난 후에야 제풀에 사그라졌다. 인간의 진화작전 때문이 아니었다. 자연법칙에 따라 스스로 소멸한 것이다.

조그만 불씨가 어떻게 이토록 큰 재앙으로 번질 수 있었을까. 그 비밀을 알아내기 위해 과학자들은 산불의 패턴을 연구하는 데 오랫동안 매달렸다. 과학자들이 알아낸 것은 무엇일까. 맨 처음 새빨간 혓바닥을 날름대고 있는 화마를 보고 앞으로 그 녀석이 얼마나 큰 화마로 커갈지 정확히 알아맞힐 수는 없다는 것이었다.

산불의 크기를 예측하는 데 과거의 기록들은 전혀 쓸모가 없었다. 1988년 이전에 옐로스톤에서 일어난 최악의 산불도 그때 일어난 산불에 비하면 피해 면적이 60분의 1(2만 5,000에이커)에 불과했다.

과학자들은 숲 속의 평화가 오래 갈수록 더 무서운 화마가 나타날 수 있다는 점도 알게 됐다. 오랫동안 산불 피해를 입지 않아 수풀이 빽빽해지고, 불쏘시개가 될 고목이 늘어날수록 화마의 기습에 더욱 취약해진다. 오랫동안 산불을 효과적으로 억제할수록 더 큰 불이 날 가능성이 커진다는 것이다. 작은 위기를 잘 막은 것이 더 큰 위기를 초래할 수도 있다는 역설이다. 더 큰 산불을 막기 위해 일부러 고목이나 낙엽을 태우는 작은 산불을 내는 것도 이 때문이다.

대지진도 규모와 시기를 예측할 수 없다는 점에서 산불과 같다. 대지진은 늘 예고 없이 온다. 지진이 언제 어디에서 얼마나 강력한 힘으로 덮쳐올지 미리 알아내려는 인간의 노력은 아직 결실을 보지 못하고 있다.

1995년 1월 17일 새벽 5시 46분 46초. 일본 간사이關西 지방의 평화로운 항구도시 고베에서 20킬로미터 떨어진 섬에서 강력한 지진이 발생했다. 리히터 진도 7.3의 강진이었다. 20초 동안 계속된 강진의 충격파는 눈 깜짝할 새 인구 150만 명의 고베시를 덮쳤다. 건물이 무너지고 화재가 나면서 6,400여 명이 목숨을 잃었다. 4만여 명의 부상자와 30만

명의 이재민이 발생했다. 14만여 명이 목숨을 잃은 1923년 간토關東 대
지진 이후 최악의 재앙이었다.

일본은 지진이 많은 나라지만 고베지역은 몇 세기 동안 평화를 누렸
다. 그러나 오랜 평화는 일순간에 깨져버렸다. 하루 전 진도 1.5에서
3.6에 이르는 소규모 지진이 4차례 있었지만, 아무도 다음 날 새벽에
찾아올 대재앙을 알아채지는 못했다.

오랜 평화에 익숙해 있었던 탓에 재난에 대한 대비도 부족했다. 사람
들은 흔히 리스크가 가장 높을 때 가장 안전하다고 느낀다. 대지진 당
시 고베지역 건물의 3퍼센트만이 지진 피해를 보상해주는 보험에 가입
되어 있었다. 도쿄지역의 보험 가입률 16퍼센트에 비해 5분의 1이 채
안 되는 수준이었다.

지진 피해의 대부분은 2차적인 피해다. 지진의 충격파가 퍼져나가면
서 해일과 산사태가 일어나고, 건물이 무너지고 화재가 일어나면서 인
명과 재산 피해가 커지는 것이다. 인구가 밀집해 있고 경제적 부가가치
가 높은 곳일수록 피해규모도 커진다. 고베 대지진의 경제적 피해는 당
시 일본 국내총생산GDP의 2.5퍼센트인 2,000억 달러에 달했다. 이는 한
나라가 입은 자연재해 피해로는 최대 규모로, 기네스북에 기록됐다.

고베 대지진 소식에 도쿄 주식시장은 폭락했다. 경제적인 손실을 감
안하면 당연한 일이었다. 그러나 지진의 충격파는 일본에서 끝나지 않
았다. 일본 수출입 물동량의 3분의 1을 처리하던 항구가 파괴되자 일본
기업들은 물류에 심각한 애로를 겪게 됐다. 일본의 수출업체와 경쟁하
던 한국과 대만 업체들은 반사이익을 얻었다. 그 업체의 주식을 가진
이들도 이득을 봤다.

더 기막힌 파장도 있었다. 고베 대지진이 233년 전통의 영국 투자은

행 베어링의 파산을 불러올 줄은 아무도 몰랐다.

고베지진으로 닛케이지수가 폭락하고, 이는 베어링 싱가포르 지점의 20대 스타 트레이더였던 닉 리슨의 파생금융상품 거래에 대규모 손실을 초래했다. 닉은 닛케이지수선물과 지수가 큰 폭으로 움직이면 엄청난 손실을 보게 되는 옵션 매도 파생상품(숏 스트래들)에 운명을 건 베팅을 하고 있었다(우리가 1장에서 살펴본 대로 풋 옵션을 가진 이는 주가가 떨어질 때 손실을 줄일 수 있는 반면, 그 옵션을 판 이는 주가가 떨어지면 손실을 입게 된다).

판돈을 키워가며 절망의 베팅을 계속하던 닉은 고베지진으로 닛케이지수가 폭락하자 결정타를 입었다. 닉은 손실을 만회하려 더욱 위험한 베팅을 계속하다 결국 도주하고 만다. 그의 위험한 투기를 눈치 채지 못했던 베어링은 결국 8억 파운드(14억 달러)의 손실을 감당하지 못하고, 네덜란드 ING그룹에 단돈 1파운드에 팔리고 말았다.

정글경제는 이런 것이다. 정글의 한쪽 귀퉁이에서 지진이 일어나면 서로 얽히고설킨 모든 것들에 충격파가 미친다. 나라마다 시장이 닫혀 있었던 과거에는 그 충격파가 차단되거나 완화될 수 있었다. 하지만 지금은 글로벌 자본시장이 하나의 거대한 정글처럼 얽혀 있다. 절대적으로 안전한 곳은 어디에도 없다.

고베지진 뉴스를 보던 베어링의 경영자들은 상상이나 할 수 있었을까. 지구 반대편 바다 밑 땅덩어리에 쌓여 있던 스트레스가 자기를 하루아침에 실업자로 만들어버리는 기막힌 일을.

지진이나 전쟁, 생물의 갑작스러운 멸종을 같은 원리로 설명하는 과학자들이 있다. '복잡계'니 '비평형'이니 어려운 말을 쓰는 물리학자들이다. 이들은 증권시장의 격렬한 변화도 같은 이치로 풀이한다.

이들의 눈으로 시장을 보자. 증시에서는 단 한 명의 투자자가 매물사태를 부를 수도 있고, 폭발적인 매수세를 촉발할 수도 있다. 한 알의 모래가 큰 산사태를 일으키거나 작은 불씨가 거대한 산불로 번지는 것과 같은 원리다. 장기간 오르기만 한 증시는 더욱 격렬한 조정 가능성을 키우고 있을 수도 있다. 오랜 평화를 누렸던 숲이 더 큰 불길에 휩싸이는 것과 같은 이치다.

물리학자들은 자연 생태계나 시장이 임계상태에 있는지를 주목한다. 작은 변화에도 매우 민감하게 반응해 격렬한 변화를 일으킬 수 있는 상태인지를 보는 것이다. 전통적인 경제학자들과 달리 현대 물리학자들은 시장이 늘 균형 상태로 신속히 돌아간다고 보지 않는다. 언제든 격변이 일어날 수 있는 불균형 상태를 오갈 때가 많다고 본다.

시장은 그 속성상 늘 임계상태에 있다고 볼 수 있다. 이런 상태에서는 단 한 명의 미세한 심리 변화가 다른 수많은 투자자들의 심리에 커다란 파장을 불러일으킬 수 있다. 이는 때로 엄청난 해일이 될 수도 있다.

임계상태에서는 언제 어떤 일이든 일어날 수 있다. 시장에서 숱한 위기를 몸소 겪은 전문가들도 같은 논리를 편다. 이들은 늘 '안정'과 '균형'만을 강조하는 전통적인 경제이론으로는 하루에 주가가 22퍼센트나 떨어지는 '블랙 먼데이'는 상상조차 못한다고 주장한다.

세계 경제의 불균형은 곳곳에서 찾아볼 수 있나. 미국인들이 소득에 비해 너무 많이 소비하면서 이를 위해 너무 많은 빚을 끌어다 쓰고 있는 것, 중국이 엄청난 경상수지 흑자를 내면서도 자국 통화가치가 오르는 것을 애써 억누르고 있는 것, 그리고 이 때문에 중국의 물가가 가파르게 오르고 중국인들이 물가상승률보다 낮은 금리 대신 고수익을 찾아 위험한 투기에 뛰어들고 있는 것, 미국의 중앙은행이 금융위기와 경기 침체의 조그만 불씨만 보이면 화들짝 놀라 무작정 금리를 내리고 보는 것, 미국이 수출한 인플레이션 때문에 지구촌 곳곳에서 인플레이션 압력이 갈수록 커지고 있는 것만 봐도 알 수 있다.

이 모든 것들이 세계 경제와 증시를 일촉즉발의 임계상태로 몰아갈 수도 있다. 그렇게 되면 한국 투자자들 역시 극한의 서바이벌 테스트를 피하기 어려울 것이다. 언제 어디서 어떤 위기가 닥쳐올지 알 수 없기 때문이다. 정글경제에서 바다 건너 불구경 같은 것은 없다.

유동성 홍수

2005년 늦은 봄, 국세청은 서울 강남구에서 운명상담소를 운영하던 50대 중반의 무속인 김 아무개 씨에 대한 세무조사를 벌였다. 김 씨가 부동산투자로 거액을 챙기고도 세금을 제대로 내지 않았기 때문이다.

김 씨는 1999년부터 6년 동안 대치동 E아파트를 비롯해 강남 노른자위의 고가 아파트를 집중적으로 사들였다. 이렇게 사 모은 아파트가 36채, 상가가 4곳이었다. 김 씨는 세무서 직원들에게 "신의 계시를 받고 집을 사 모았다"고 주장했다.

그녀가 이토록 많은 아파트를 사들일 수 있었던 것은 은행의 주택담보대출을 많이 받았기 때문이다. 매입한 아파트를 담보로 대출을 받아 다른 아파트를 사고, 그 아파트를 담보로 다시 돈을 빌려 또 다른 아파트에 투자하는 식이었다.

시중에 돈이 넘칠 때 담보대출을 받는 것은 땅 짚고 헤엄치기다. 김 씨가 금융기관 10곳에서 빌린 돈은 134억 원에 달했다. 한 해 대출이자만 8억 원에 이르렀다. 그러나 아파트값이 급등하는 시기에 이자부담은 전혀 문제 되지 않았다.

김 씨는 2004년 말부터 2005년 봄까지 아파트 7채를 팔아 13억 원의 차익을 챙겼다. 그녀는 아파트를 판 것도 신의 계시를 받았기 때문이라고 주장했다. 운명 상담을 하러 오는 강남의 고소득층 주부들 사이에서 그녀는 부동산투자의 귀재로 알려졌다.

그러나 김 씨는 양도소득세를 한 푼도 내지 않았다. 신고한 연간 소득은 1,200만 원에 불과했다. 결국 그녀는 국세청에 덜미를 잡혔다. 그녀는 세무조사가 시작된 지 한 달 만에 아파트를 10채 이상 팔아 또 차익을 남겼다.

김 씨가 큰돈을 번 것은 신의 계시 덕분이 아니었다. 초저금리와 넘치는 유동성 덕분이었다. 김 씨는 외환위기 후 계속된 유동성 파티에서 가장 달콤한 샴페인을 차지한 이들 중 한 사람이었다.

당신은 사상 최대의 돈 잔치에 초대받지 못했을 수도 있다. 그러나 한국은 외환위기 후 10년 동안 정말 화끈한 돈 잔치를 벌였다. 유동성 지표 하나만 봐도 알 수 있다. '광의유동성(L)'은 가장 넓은 의미의 유동성을 뜻한다. 시중에 돌고 있는 현금과 예금, 채권을 비롯해 현금으로 쉽게 바꿀 수 있는 금융자산을 모두 합한 것이다.

이 광의유동성은 외환위기가 닥친 1997년 말 766조 원에서 2007년 말 2,055조 원으로 늘었다. 10년 새 2.7배로 불어난 것이다. 광의유동성은 1997년 국내총생산의 1.5배에서 2007년 2.3배로 커졌다. 경제 규모에 비해 시중에 도는 돈이 그만큼 많아졌다.

시중 유동성이 급격히 늘어나도 물가가 거의 안 올랐다는 것은 놀랍다. 정책 당국은 값싼 중국산 제품 덕분에(공식 통계에 잡히는) 물가를 낮은 수준에 잡아두기 위해 그다지 애쓸 필요가 없었다. 돈의 값어치가 떨어지지 않도록 돈줄을 죄는 인기 없는 정책은 쓰지 않아도 됐다.

외환위기 후 10년 동안 한국인들이 벌인 돈 잔치에서는 자산 투자자와 현금 보유자 사이의 희비가 극명하게 엇갈렸다. 앞으로의 10년은 어떻게 될까. 자산가격 거품이 꺼지면서 현금을 가진 사람이 왕이 될까.

1980년대 말에도 급격한 유동성 증가에 따라 증권과 부동산 시장에 거품이 끓어올랐다. 절제 없는 통화정책 때문에 수출로 벌어들인 돈이 시중에 엄청나게 풀려나갔다. 현금과 장단기 예금을 합한 '총유동성(M3)'은 1986년부터 3년 동안 한 해 평균 28퍼센트씩 늘어났다. 그러나 결국 돈 잔치가 끝나면서 자산시장의 거품도 꺼졌다.

20년 전의 경험이 지금의 유동성 홍수와 자산시장 거품에 대해 무엇을 말해주는지 깊이 고려해볼 만하다. 분명한 것은 앞으로는 흥청망청 돈 잔치를 벌일 수 없다는 점이다.

물가안정을 선물했던 중국은 이제 물가안정에 위협이 되고 있다. 중국인들이 새 차를 몰면 한국의 휘발유값도 오르고, 중국인들이 치즈를 즐기면 한국의 피자도 비싸진다. 나라 안팎으로 너무 많이 풀린 돈 때문에 인플레이션 압력이 커지면 한국은행이 금리를 내리기는 더욱 어려워질 것이다. 인플레이션이 더욱 심각해지면 오히려 금리를 올릴 수밖에 없다.

이제 돈 잔치는 끝났다. 아직도 잔치 분위기에 취해 있다면 빨리 깨어나야 한다.

눈물의 소주와 환란의 추억

1997년 겨울은 참담했다.

한국이 국가부도 위기에 몰려 있던 당시, 필자는 매일경제신문 특파원으로 런던에 나가 있었다. 사무실은 『파이낸셜타임즈』 안에 있었다. 필자는 매일 아침 사무실에 나와 신문을 집어들 때마다 침울해졌다. 한국호의 침몰에 관한 뉴스가 날마다 신문 1면 헤드라인에 올라왔기 때문이다.

하루는 이런 일도 있었다. 크리스마스를 며칠 앞둔 날이었다. 『파이낸셜타임즈』 편집국장이 휴가를 떠나려던 기자들에게 긴급 메시지를 보냈다. "한국이 크리스마스 연휴에 외채 상환 불능(디폴트)을 전격 선언할 가능성이 있으니 담당 기자들은 비상 대기하라." 국가부도 선언은 연휴를 틈타 전격적으로 하는 경우가 많다. 외채를 못 갚겠다는 선언은 국제 금융시장에 엄청난 혼란과 충격을 주기 때문이다.

4년 후에는 실제로 그런 일이 벌어졌다. 이번에는 아시아가 아니라 남미 국가가 문제였다. 2001년 12월 23일 아르헨티나는 외채 상환 유예(모라토리엄)를 선언했다. 외국 채권자들에게 1,550억 달러의 빚을 지고 있던 이 나라는 휴일을 틈타 빚을 못 갚겠다고 일방적으로 선언했다. 서울에서 국제 뉴스를 커버하고 있던 필자는 아르헨티나 경제위기에 관한 외신을 챙기며 크리스마스를 보내야 했다. 문득 4년 전 『파이낸셜타임즈』 편집국장의 메시지가 생각나 혼자 쓴웃음을 지었다.

1997년 말 한국은 결국 아슬아슬하게 국가부도를 면했다. 덕분에 '주식회사 한국 부도' 소식을 전하느라 크리스마스 휴가를 망친 기자는 없었다. 하지만 당시 한국은 염치없게도 빚쟁이의 방심을 틈타 'BJR(배째라)' 선언을 해야 할 만큼 벼랑 끝에 몰려 있었다. 참담한 기분을 달래려 소주 한 잔을 마시려면 5만 4,000원을 내야 했다. 당시 런던 시내의 한국 식당에서는 소주 한 병에 18파운드를 받았다. 1997년 여름 1파운드는 1,400원이었다. 그러나 몇 달 새 3,000원이 됐다. 외환위기로 원화값이 반 토막 난 것이다.

국가부도 위기를 맞은 나라의 기자는 초라했다. 빚더미에 짓눌린 한국의 몰골을 전하는 신문 기사를 보면서 얼굴이 화끈거렸다. 추락하는 한국을 냉정하게 그려내는 기사를 보면 두려움이 엄습하기도 했다.

지금 런던 식당의 소주 한 병 값은 15파운드다. 파운드당 2,000원으로 치면 소주값은 3만 원이다. 그동안 원화값이 많이 오르면서 런던의 소주값은 크게 떨어졌다. 원화값이 오른 만큼 눈물의 소주와 환란의 기억은 잊혀져가고 있다.

그럴 수밖에 없다. 부자 나라 일본에 어묵(오뎅)을 팔아 돈벌이를 하던 한국은 이제 일제 고급 어묵을 수입해 먹는 호사를 누리고 있다. 골프장과 온천이 좋은 홋카이도에도, 벚꽃이 흐드러진 교토의 고성古城에도 한국인들이 몰려다닌다. 일본을 다녀올 때마다 고급 와인을 들고 와 남는 장사를 한다는 이들도 있다.

외국에서 구매력이 높아진 원화를 쓸 수 있다는 건 분명 기분 좋은 일이다. 공항이 미어지게 해외로 몰려나가는 이들의 표정에서 국가부도 위기의 상흔은 보이지 않는다. 그렇다고 해도 환란이 잊어도 좋을 옛 추억이 된 것은 아니다.

얼핏 보면 환란 후 한국 경제는 매우 튼실해졌다. 환란 때 바닥을 드러냈던 외환보유액은 2,600억 달러(2008년 4월 말)에 이르렀다. 1998년 280포인트까지 떨어졌던 코스피는 2007년 2085포인트까지 치솟았다. 9년 만에 7배로 뛴 것이다.

환란 10주년인 2007년 유가증권시장은 30퍼센트 이상 올랐다. 20년 동안 1000선을 오르내리던 코스피는 2007년 한 해 동안에만 51차례나 사상 최고 기록을 갈아치우며, 처음으로 2000 고지를 넘기도 했다. 코스닥 주가도 14퍼센트 올랐다. 2006년 말 700조 원대였던 유가증권과 코스닥시장 시가총액은 1,000조 원을 웃돌았다.

양적 성장과 함께 자생력도 커졌다. 유가증권시장에서 외국인 투자자들이 사상 최대인 25조 원에 가까운 매물을 쏟아냈다. '주식회사 한국'의 최대주주라고 할 수 있는 외국인 투자자들이 갑자기 매물 공세를 퍼부으면 시장이 무너질 것이라는 우려도 있었다. 하지만 이는 현실로 나타나지 않았다. 국내 기관과 개인 투자자들이 외국인 매물을 무난히 소화해냈기 때문이다. 주식형펀드에 하루 평균 1,000억 원 가까운 돈이 들어와 기관투자가들의 매수 여력이 커졌다.

이런 상황에서 위기를 떠올리는 이들은 마른하늘의 날벼락을 걱정한다는 말을 들었다. 그러나 환란 후 10년을 냉정하게 돌아보면 마냥 자신감에 취해 있을 수만은 없다는 게 분명했다. 그동안 수출이 날개를 달았던 것은 주로 원화값의 큰 폭 하락(환율의 큰 폭 상승)에 힘입은 것이었다. 그러나 환율 조정으로 수출 경쟁력을 높이려는 전략을 언제까지나 쓸 수는 없다.

원화 환율이 달러당 900원이 됐을 때, 일부 수출기업들은 벌써부터 수출 경쟁력이 떨어져 죽을 지경이라고 아우성쳤다. 이런 기업들이 외환위기 이전 달러당 700~800원 할 때는 어떻게 살았을까. 한국 경제가 이런 기업들을 모두 업고 1인당 소득 3만 달러, 4만 달러 시대로 뛰어오를 수는 없다. 원화값이 조금만 오르면(환율이 떨어지면) 경쟁력을 잃고 마는 기업들은 조만간 도태될 수밖에 없다.

투자자들은 원화값 상승에 따른 대대적인 구조조정에 대비해야 한다. 장기투자자라면 원화 환율이 달러당 900원이 될지 1,000원이 될지가 아니라 달러당 700원이 될지 800원이 될지를 생각해야 한다. 더 길게 보면 500원이 될지 600원이 될지를 생각해야 한다. 투자자들은 이러한 환율 수준에서도 경쟁력을 확보할 수 있는 기업을 찾아야 한다.

한국 경제는 환란 후 10년 동안 저금리와 고환율 덕분에 쉽고 빠른 길을 달려왔다. 하지만 앞으로는 어렵다. 물가 걱정 때문에 시중 유동성이 급증하도록 내버려두기 어렵고, 원화값을 억지로 떨어트리기도 힘들다. 그렇다면 이제 쉬운 승부는 끝났다고 봐야 한다. 지금까지 성취한 것들이 쉽게 얻은 것이라면 그만큼 허망하게 잃을 수도 있다.

환란 후 10년 동안 우리나라의 경제운용은 단순한 조건반사 수준에 머물러 있었다. 수출이 잘 안되니 원화값을 떨어트리고(환율을 올리고), 투자나 소비가 부진하니 금리를 내리는 식이었다.

기업들도 마찬가지였다. 무리하게 빚을 얻어 공격적인 투자를 하다 화를 입었으니 무조건 차입과 투자를 줄이는 식이었다. 이런 조건반사는 로봇도 할 수 있다. 단순한 조건반사만 계속하다 보면 변화된 환경 속에 자라고 있을 변종 위기는 보지 못한다.

한국 경제가 가까운 장래에 1997년 외환위기와 똑같은 위기를 다시 맞을 가능성은 희박하다. 그러나 또 다른 종류의 위기가 어디엔가 씨앗을 뿌려 두지는 않았는지 눈을 크게 뜨고 살펴봐야 한다. 10년 전에도 그랬듯이 위기의 씨앗은 흔히 모두가 성취감에 취해 있을 때 싹을 틔운다. 10년은 뭔가를 잊어버리기에 충분한 시간이다. 그러나 10년 전 참담했던 일들을 먼 옛날의 추억으로만 덮어버리기에는 아직 이르다.

짜릿한 추락

정부가 인위적으로 주가를 띄우려 할 때 가장 거세게 반발하는 세력이 있다. 주가가 하락할 것으로 보고 주식을 빌려서 팔았던 사람들이다. 이들은 나중에 주가가 떨어져 싼값에 주식을 사서 갚을 수 있을 것으로 기대한다. 예상대로 주가가 떨어지면 깨소금 같은 차익을 얻지만, 예상이 빗나가 주가가 오르면 낭패를 보게 된다.

공매도는 주식 없이 주식을 파는 것을 말한다. 우리나라에서는 주로 외국 기관투자가들이 주식을 빌려서 파는 대차거래의 형태로 이뤄진다. 개인들의 대주거래는 높은 위험성 때문에 거의 이뤄지지 않고 있다.

2008년 3월 말 뉴욕 증시에서 투자자들이 주식을 빌려서 판 물량은 160억 주로, 사상 최고 수준에 이르렀다. 이는 1년 전의 105억 주에 비해 크게 늘어난 규모다. 2000년 주식시장 활황이 최고조였을 때도 주식을 빌려서 판 물량은 40억 주에 불과했다. 닷컴 버블이 한창이었을 때보다 미국 신용위기 후 주가 하락에 베팅하는 이들이 4배나 많았다는 뜻이다.

같은 시점에 한국 증시에서 투자자들이 주식을 빌려서 판 물량은 모두 26조 원어치에 달했다. 거의 전부 외국 기관들이 주식을 빌려서 판 것들이었다. 이들은 한국의 주가가 큰 폭으로 떨어지기만을 학수고대하는 세력이다. 예상한 것과 달리 주가가 오르면 주식을 빌려서 팔았던 투자자들은 서둘러 주식을 사서 갚아야 한다(이를 '숏 커버링'이라고 한다). 이런 이유로 매입 수요가 많은 종목은 주가가 한번 오르기 시작하면 단기간에 큰 폭으로 뛸 수도 있다.

주식을 빌려서 판 쪽은 주식을 들고 있는 쪽과 맞서야 한다. 주가가 오르기를 바라는 대부분의 투자자들은 이들을 곱게 볼 리 없기 때문이다. 특히 기업으로서는 자사의 주가가 떨어지기만을 바라는 이들을 미워하지 않을 수 없다.

기업 경영진이나 홍보 담당자들은 기회가 있을 때마다 이들을 격렬하게 비난하고 나선다. 이들이 주가를 떨어트리기 위해 악성 루머를 퍼트리고 있다고 몰아세우기도 한다(실제로 주가에 영향을 미치기 위해 근거 없는 악성 루머를 퍼트린다면 이는 시세조종에 해당한다. 시세조종은 증권거래법을 어기는 불공정거래로, 무거운 벌을 받게 된다). 추락하는 주가를 받치기 위해 애쓰는 정부나 중앙은행도 이들을 미워한다. 심지어는 주식 없이 주식을 팔지 못하도록 아예 막아놓은 나라들도 있다.

2007년 8월 미국 연준은 옵션계약 만기일 아침, 거래가 시작되기 전에 전격적인 금리 인하를 발표했다. 금리 인하 타이밍을 이렇게 잡은 것은 주식을 공매도한 투자자들의 손실을 극대화하기 위한 것이었다고 보는 시각도 있다. 주식을 공매도한 이들이 주가 상승에 따른 손실을 줄이려 서둘러 주식을 사들이면 더욱 폭발적인 주가 상승이 가능하다는 계산을 했으리라는 것이다.

주식을 공매도하는 이들도 엄연히 합법적인 게임 참가자들이다. 이들이 있기에 투자의 정글은 더욱 생동감 넘치는 세계가 된다. 공매도가 주식시장을 더욱 건강하게 만든 예를 하나 살펴보자.

회계부정으로 투자자의 신뢰를 잃고 무너진 미국의 거대기업 엔론과 타이코 주식에 대해 공매도에 나선 이들이 있었다. 이들이 해당 기업과 투자자들의 맹렬한 비난을 받았음은 말할 것도 없다. 월가의 수많은 애널리스트들이 이 두 회사가 파산할 때까지도 그 주식을 사라는 추천을 계속하고 있었다. 그러나 일부 투자자들은 이들 회사의 심각한 문제를 간파하고 공매도에 나섰다.

공매도에 나선 이들의 판단은 전적으로 옳았다. 이들마저 없었다면, 끝까지 기만적인 매수추천을 내놓은 애널리스트들에 정면으로 맞설 세력은 없었을 것이다. 아무도 주식을 팔라고 이야기하지 않았지만 이들은 행동으로 매도신호를 보낸 것이다.

공매도에 나서는 투자자들은 투기적 거품이 지나치게 끓어오른 회사를 겨냥한다. 또 비즈니스 모델에 심각한 결함이 있거나 회계부정과 같은 사기행위를 하는 회사를 공격하는 경우도 많다. 이는 과대평가된 주가가 정상을 찾아갈 때 이득을 얻으려는 행위다. 이런 투자행위 자체가 시장에 필요한 정보와 시그널을 줄 수 있다. 주가를 올리려는 것은 선善이고 주가를 떨어트리는 쪽으로 작용하는 힘은 막아야 한다는 생각은 잘못된 것이다.

당신은 공매도를 둘러싼 역학관계의 변화를 주의 깊게 살펴봐야 한다. 이는 주식 매도추천이 거의 없는 환경에서 더욱 중요하다(주식을 사라고 권하기만 하고, 팔라는 말은 하지 않는 애널리스트들에 대해서는 6장에서 다시 이야기할 것이다).

공매도에 관해 일반 투자자들이 꼭 기억해야 할 것이 있다. 공매도가 주식시장의 효율성을 높이는 데 긍정적인 기능을 할 수 있다고 해서 일반 투자자들이 적극적으로 공매도 거래를 해도 좋다는 뜻은 절대 아니다. 공매도에 따르는 위험을 결코 가볍게 봐서는 안 된다.

현금으로 주식을 샀을 때는 최악의 경우 그 주식이 휴지조각이 되더라도 투자원금 이상의 손실을 보지는 않는다. 반면 주가가 오를 때 볼 수 있는 이익은 무한하다.

공매도의 경우는 그 반대다. 공매도로 주식을 판 투자자는 그 주식이 휴지조각이 되면 가장 큰 이익을 본다. 주가는 아무리 떨어져도 마이너스가 되지는 않기 때문에 공매도자의 이익은 아무리 많아도 매도금액 이상이 될 수 없다. 반면 갑자기 주가가 천정부지로 치솟으면 (적어도 이론상으로는) 손실은 무한대로 커질 수 있다.

투기적 거품 때문에 주가가 지나치게 올랐다는 확신이 설 경우에도 공매도는 최대한 자제하는 것이 좋다. 적어도 단기적으로는 주가가 반드시 '적정수준'으로 되돌아가는 것은 아니기 때문이다. '적정수준'이 어느 수준인지 알기도 어렵지만, 설사 안다 하더라도 주가가 곧바로 그 수준으로 떨어지리라는 보장은 없다.

지금 일반 투자자들은 직접 주식 공매도를 할 수 없다. 하지만 공매도와 같은 결과를 내는 다양한 거래방식을 이용할 수는 있다. 앞으로 헤지펀드가 허용되면 간접적으로 공매도에 참여할 수도 있다. 그러나 공매도의 위험성을 충분히 인식하지 못하는 초보자들은 공매도에 간접적으로 참여하는 것조차 자제해야 할 것이다.

정글경제에서는 – 폭풍우를 기다려라

당신은 이제 막 정글경제 탐험 두 번째 단계를 지났다. 이번 탐험에서는 투자의 정글에 폭풍우처럼 불어 닥치는 위기를 보았다. 당신은 언제 어떤 폭풍우가 올지 알 수 없다. 폭풍우의 양상은 늘 달라지기 때문이다. 그러나 언젠가 어떤 형태로든 폭풍우가 올 것이라는 사실은 알고 있다.

폭풍우가 지나간 후 정글의 공기는 더욱 맑아진다. 유독한 공기를 세찬 비바람이 씻어내기 때문이다. 투자의 정글에서는 폭풍우에 철저히 대비하는 이들만 살아남는다. 체력을 기르고 비상식량과 물을 준비해야 버틸 수 있다. 이들은 폭풍우가 경쟁자들을 쓸어가버린 후 달콤한 열매를 모두 차지할 수 있다.

그렇다면 어떻게 위기에 대비해야 하는지 몇 가지 룰을 생각해보자.

첫째, 위기를 예상한다면 과도한 레버리지(차입투자)투자를 조심해야 한다.
둘째, 위기를 오히려 투자기회로 삼을 수 있도록 유동성을 확보해야 한다.
셋째, 지나치게 섣부른 베팅을 자제하며 반전의 타이밍을 잡아야 한다.

레버리지는 '지레'의 힘을 뜻한다. 레버리지를 이용하는 투자전략은 빚을 최대한 많이 얻어 투자자산을 한껏 늘리는 것이다. 남의 돈을 많이 끌어들여 투자규모를 늘릴수록 자기가 댄 밑천에 비해 투자이익이 커질 것이라는 확신이 있을 때 쓰는 전략이다.

들고 있는 현금보다 많은 주식을 살 수 있는 신용거래나 선물거래가 전형적인 레버리지투자다. 외환위기 전 재벌들이 자기자본의 5배 이상 빚을 얻어 공격적으로 투자한 것도 레버리지전략이었다. 앞서 본 무속인 김 씨도 이 전략을 썼다. 김 씨가 아파트 36채와 상가 4곳에 투자할 수 있었던 것은 134억 원의 대출을 받았기 때문에 가능했다.

레버리지전략은 이자부담이 적고, 자산가격이 오르는 시기에 환상적인 투자수익을 안겨준다. 무속인 김 씨는 초저금리와 아파트 가격 급등으로 엄청난 이익을 챙겼다. 그러나 상황이 거꾸로 돌아가면 레버리지는 하루아침에 망할 수도 있는 위험한 전략으로 돌변한다. 외환위기 때 자기자본에 비해 부채가 많았던 재벌그룹들이 한꺼번에 무너진 것도 이 때문이다.

이런 맥락에서 보면 우리나라 가계는 매우 큰 위험을 안고 있다고 할 수 있다. 특히 초저금리기에 은행 빚을 많이 얻어 집을 산 이들이 그렇다. 가계의 평균적인 빚 부담이 과연 어느 정도인지 한번 살펴보자. 당신의 경우와 비교해보기 바란다.

2007년 말 우리나라 가계의 금융자산이 100이라면 금융부채는 43이다. 미국(31)이나 영국(35)보다 높은 수치다. 이 비율이 100을 넘는다면 현금과 예금, 보험과 연금, 주식과 채권 같은 금융자산을 모두 팔아도 빚을 다 갚을 수 없다. 집이든 땅이든 실물자산을 팔아야 다 갚을 수 있다.

개인이 한 해 동안 벌어들인 소득 가운데 마음대로 소비하거나 저축할 수 있는 소득(가처분소득)이 100이라면 금융부채는 150쯤 된다. 지난 2000년의 100에서 크게 늘어난 수준이다. 부채가 늘어남에 따라 가처분소득의 10분의 1 가까운 돈이 이자로 나가고 있다.

특히 은행에서 집을 담보로 대출을 받은 이들의 빚 부담은 이보다 훨씬 무겁다. 주택담보대출을 받은 이들의 연간 소득이 100이라면 대출금은 196이다. 주택담보대출이 연 소득의 2배 가까운 수준이다. 이들은 소득의 5분의 1

을 원리금 상환에 쓰고 있다.

평균치에 가려져 있는 세부적인 내용을 보면 더 심각하다. 1억 5,000만~2억 원의 주택담보대출을 받은 가계의 경우, 대출금이 연 소득의 3.6배에 이른다. 이들이 원리금 상환에 쓰는 돈은 연 소득의 3분의 1을 넘는다. 연 소득이 5,000만 원 이하이면서 1억 원 이상 주택담보대출을 받은 계층의 원리금 상환 부담은 소득의 35~48퍼센트에 달한다. 이는 주택담보대출이 많은 6개 은행의 대출만 따져본 것이다. 다른 금융기관에서 추가로 돈을 빌렸다면 이 자부담은 훨씬 클 것이다(이들은 신용도가 낮은 만큼 상대적으로 이자부담도 크다).

빚 부담이 무거운 가계는 세 가지 리스크를 따져봐야 한다. 금리가 오르거나, 집값이 떨어지거나, 소득이 줄어들 가능성이 그것이다. 이 가운데 둘이나 세 가지 리스크를 한꺼번에 안아야 한다면 매우 위험하다. 과도한 레버리지투자를 하고 있는 이들에게 이 세 가지 리스크는 죽음의 칵테일이 될 수도 있다.

우리나라 주택담보대출은 대부분 변동금리대출이다. 시중 실세금리가 오르면 대출이자도 따라 오른다. 대출을 받은 이가 금리변동 리스크를 고스란히 져야 한다. 앞으로 인플레이션이 얼마나 높아질지에 따라 이들의 운명은 달라질 것이다(인플레이션이 금리와 집값에 미치는 영향은 4장에서 자세히 살펴볼 것이다).

유동성이 넘치던 시절의 부동산 불패신화만 믿고 과도한 레버리지전략을 고수하는 것은 위험하다. '인플레이션이 높아지는 시기에는 실물자산이 최고'라는 생각도 마찬가지다. 이런 생각으로 무작정 버텨보려는 전략은 대출 원리금 부담을 충분히 감당할 수 있을 때나 쓸 수 있는 전략이다.

공격적인 레버리지전략은 초저금리로 집값이 뛸 때는 성공투자의 공식이었다. 하지만 상황이 반전되면 필패의 전략이 될 수도 있다.

투자의 정글에서 무방비로 위기를 맞는 것은 곧 파멸을 의미한다. 문제는 위기가 언제 어떻게 올지 예측할 수 없다는 데 있다. 시장의 격변을 정확히 예측하는 것은 지진을 예측하는 것만큼이나 어렵다.

투자의 정글에서 작은 지진은 늘 일어난다. 문제는 큰 지진이다. 큰 지진에 대한 예측이 가치를 지니려면 언제 어디서 어떤 강도로 일어날지 정확히 맞혀야 한다. 그러나 대지진의 확실한 전조를 알아내는 것은 불가능에 가깝다.

지진에 앞서 정글의 기류나 동물의 행동에 이상한 조짐을 발견했다는 사람도 있다. 과학자들은 지진을 예측하기 위해 100년 이상 연구했지만 임박한 지진에 대해 믿을 만한 경보를 울리는 일은 아직도 불가능하다.

어차피 피할 수 없는 위기라면 최선을 다해 대비하는 수밖에 없다. 위기에 대비하면서 오히려 위기를 투자기회로 활용할 전략을 세워야 한다. 가장 중요한 것은 유동성을 확보해두는 일이다.

시장에 위기가 닥치고 말도 안 되는 헐값의 매물이 쏟아지면 현금을 가진 이들이 왕이 된다. 다른 사람들에게는 최악의 위기가 현금을 가진 이들에게는 절호의 기회인 것이다. 남의 불행이 나의 행복이 되는 순간이다.

만일 당신이 남의 불행을 틈타 이득을 취할 때 죄책감을 느낀다면 당신은 보기 드문 휴머니스트다. 그러나 당신이 그들을 불행에 빠트린 것이 아니라면 지나치게 괴로워할 필요는 없다. 정글의 싸움은 언제나 냉혹한 것이다.

자본시장에서는 투자자들이 눈에 보이지 않는 상대와 싸운다. 이는 상대와 일대일로 겨뤄 그를 거꾸러트려야 하는 싸움이 아니다. 이긴 자가 쓰러지는 자의 절망적인 눈빛을 보지 않아도 된다. 상대가 눈에 보이지 않기 때문에 더욱 잔인한 공격이 가능한지도 모른다.

위기를 기회로 활용할 수 있도록 유동성을 확보했다면 남은 일은 때를 기다리는 일뿐이다. 그 기다림은 모든 낙관론자들이 항복할 때까지 이어져야 한다. 그래야 안전하다. 마지막까지 남아 있던 탐욕이 완전히 사라지고, 공포가 시장 전체를 휩쓸 때가 안전한 때다.

끝까지 낙관론을 펴던 전략가들이 회사에서 쫓겨나고, 신문에는 시장의 붕괴를 예고하는 기사가 가득할 때가 안전한 때다. 이른바 '거꾸로 가는' 전략이다.

그러나 지나치게 섣불리 위기를 이용하려 하는 것은 위험하다. 특히 주가가 떨어질 것으로 예단하고 공매도에 모든 것을 거는 전략은 매우 위험하다. 공매도는 헤지펀드가 즐겨 쓰는 투자전략이다. 헤지펀드는 공격적인 프로들이다. 머지않아 우리나라에도 본격적으로 도입될 헤지펀드는 투자의 정글을 더욱 정글답게 하는 중요한 플레이어다.

그동안 헤지펀드에 대한 부정적 인식도 많았다. 헤지펀드가 극단적 위험을 감수하는 공격적이고 파괴적인 투기 자본이라는 인식이다. 그러나 헤지펀드를 잘만 활용하면 자본시장의 비효율을 제거해 시장의 체질을 튼튼히 할 수 있다.

헤지펀드는 불특정 다수의 투자자들에게 판매되는 공모펀드와는 다르다. 소수의 개인 큰손이나 기관투자가의 자금을 모아 투자한다. 투자자 보호를 위한 엄격한 규정을 적용받는 공모펀드에 비해 헤지펀드는 자산운용에 제약이 거의 없다.

헤지펀드는 일반 공모펀드에는 허용되지 않는 공격적 차입투자도 할 수 있다. 자산가격이 떨어질 때도 이익을 낼 수 있는 공매도와 위험 회피를 위한 파생금융상품 투자도 자유롭다. 이처럼 운용이 자유롭기 때문에 어떤 자산가격이 고평가되거나 저평가돼 있으면 즉시 그 틈새를 파고들어 차익을 얻을 수 있다.

고위험-고수익을 추구하는 공격적 투자자라면 헤지펀드도 중요한 투자대상이 된다. 직접 공매도에 나서기보다는 이 분야의 프로인 헤지펀드에 돈을 맡기는 것이 더 낫다.

그러나 헤지펀드의 투자전략과 리스크를 충분히 이해하지 못하는 이들은 섣부른 투자를 삼가야 한다. 헤지펀드에 대한 '묻지마 투자'의 폐해를 막기 위해 투자금액이 적어도 몇 억 원을 넘어야 한다는 규정으로 가입자를 제한할 수도 있다. 높은 위험을 감당할 수 있는 자산가들만 투자하도록 하는 것이다.

영어에서 '위기Crisis'라는 말은 '선택' '결정' '판단'을 뜻하는 그리스어에서 유래됐다. 이 말은 '전환점'이라는 뜻도 내포하고 있다. 대세 전환의 변곡점은 위기의 한가운데서 찾을 수 있다는 생각이 깔려 있다.

물론 대세 전환은 지나고 나서야 확인할 수 있다. 변곡점을 잘못 짚으면 최악의 위기를 자초할 수도 있다. 그러나 변곡점을 제대로 짚으면 천재일우의 기회로 만들 수 있을 것이다. 이처럼 위기의 정점에서는 리스크와 기대수익률 모두 극단적으로 높아진다.

03

숲 속에서는
숲을 볼 수 없다

누구도 거품 속에서는 거품을 보지 못했다.
그 속에서 보면 거품은 늘 합리적인 것으로 보인다.
– 레스터 서로의 『브레인 파워와 자본주의의 미래』 중에서

누군가 말했다.
"그건 그저 튤립 뿌리일 뿐이야."
– 데보라 모가치의 『튤립 열병』 중에서

정글에는 길이 없다. 아니, 너무 많다. 너무 많은 것은 없는 것이나 마찬가지다. 당신은 매순간 어느 길을 가야할지 선택해야 한다. 그리고 그 선택에 스스로 책임을 져야 한다. 그래서 선택은 늘 두렵다. 자신의 운명을 다른 누구에게도 맡길 수 없으므로 선택의 순간에 당신은 고독하다.

앞길을 멀리 내다볼수록 선택의 두려움은 줄어든다. 그러나 밀림과 안개가 당신을 에워싸 한 치 앞을 내다보기가 힘들다. 당신이 앞으로 한발을 내딛는 순간 무슨 일이 일어날지 알 수 없다. 정글이 위험한 것은 그 때문이다.

바투보기 눈, 멀리보기 눈

지금부터는 투자의 정글 한가운데 있는 주식과 부동산 시장을 탐사해보자.

당신은 주식시장에 뛰어든 순간부터 수많은 의문을 품게 된다. 의문은 꼬리에 꼬리를 물고 이어진다. 지금은 주식을 살 때인가, 팔 때인가. 현재 주가가 너무 높은지, 낮은지는 어떻게 판단할 수 있는가. 주가가 과거 수준에 비해 너무 올랐는지, 떨어졌는지를 따져봐야 하는가. 아니면 주식의 본질적인 가치(내재 가치)에 비해 주가가 너무 높은지, 낮은지를 따져봐야 하는가. 주식의 본질적인 가치를 따질 때는 기업이 지금 얼마나 많은 이익을 내고 있는지를 따져봐야 하는가, 아니면 훗날 이익이 늘어날 가능성이 얼마나 되는지를 가늠해봐야 하는가.

주식은 채권이나 아파트나 금에 비해 싼가, 비싼가. 우리나라 주식은 중국이나 인도, 미국이나 일본 주식에 비해 싼가, 비싼가. 주식을 산다면 어느 시장, 어느 업종, 어느 종목이 유망한가. 살 종목이 정해졌다면 정확히 언제, 얼마에 사야 하는가. 그리고 언제, 얼마에 팔아야 하는가.

머릿속이 너무 복잡하다. 답은 쉽게 나오지 않는다. 누구도 명쾌한 답을 줄 수 없다. 아니, 너무 명쾌한 답을 줘서 전혀 미덥지 않을 때도 많다. 답이 나오지 않는다고 무턱대고 도박에 나설 수는 없다. 조급한 마음에 요행을 바라며 아무렇게나 방망이를 휘둘러서는 안 된다. 그것은 절망의 베팅이다. 실패할 것이 뻔하다.

보통 사람이 하루아침에 금융경제학 박사나 투자이론의 대가가 될 수는 없다. 대가가 될 때까지 모든 투자를 미뤄둘 수도 없다. 투자이론의 대가가 되기도 어렵고, 이론의 대가가 된다고 해도 실제 투자에 반드시 성공하리라는 보장도 없다.

그럼 도대체 어떻게 해야 할까. 지금 당신이 갖고 있는 모든 지혜를 모아 스스로 판단하는 수밖에 없다. 그리고 자신의 판단이 과연 옳은 것인지 늘 열린 마음으로 생각해보고, 실수가 있다면 재빨리 바로잡아야 힌다.

주식시장은 하나의 정글이다. 이곳에서는 가장 멀리 내다보는 이가 승자가 될 수 있다. 바투보기 눈(근시안)을 가진 이들은 위험하다. 가장 멀리 보기 위해서는 가장 높은 곳에서 새처럼 시장을 내려다볼 수 있어야 한다.

그럼 이제 투자의 정글로 들어가보자. 지금부터 가능한 한 높은 곳에서 가장 멀리 보는 연습을 해보려 한다. 우리나라 주식시장의 큰 흐름을 살펴보는 것이다. 우리는 2000년을 전후해 앞뒤 8년씩 16년을 조망

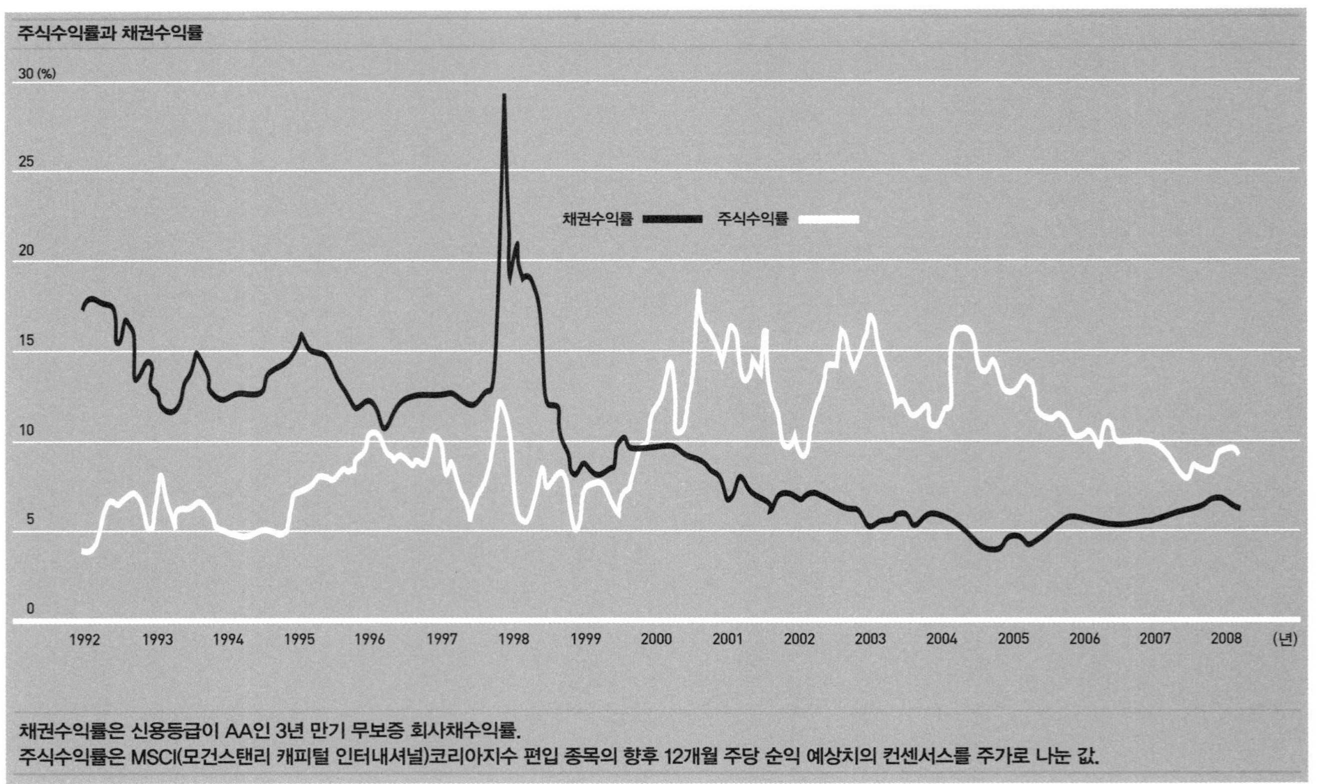

채권수익률은 신용등급이 AA인 3년 만기 무보증 회사채수익률.
주식수익률은 MSCI(모건스탠리 캐피털 인터내셔널)코리아지수 편입 종목의 향후 12개월 주당 순익 예상치의 컨센서스를 주가로 나눈 값.

할 것이다. 2000년은 우리나라 주식시장에서 중요한 전환점이었다.

주식투자와 관련된 셈법에 익숙하지 않은 이들에게는 지금부터 풀어갈 이야기가 조금 복잡하게 느껴질 수도 있을 것이다. 하지만 주식시장의 큰 흐름을 이해하기 위해 반드시 짚고 넘어가야 할 부분이다.

정글경제의 나침반 주식수익률

먼저 흥미로운 그래프 하나를 소개한다. 당신은 그래프를 보기만 해도 골치가 아픈 사람일지도 모르겠다. 그렇더라도 이 그래프만큼은 늘 머릿속에 그려두기 바란다.

그래프를 보면 한국 증시에서는 1999년 말까지 채권수익률이 주식수익률보다 높았다. '채권수익률Bond Yield'은 어떤 채권이 해마다 당신의 돈을 얼마나 불려주는지를 보여주는 숫자다. 예를 들어 3년 후 원금을 돌려주는 채권의 수익률이 7퍼센트라고 하자. 이 채권은 매년 7퍼센트씩 3년 동안 복리로 모두 22.5퍼센트의 이익을 안겨준다[1.07×1.07×1.07=(1.07)³=1.225].

'주식수익률Earnings Yield'은 조금 더 복잡하다. 이는 우리가 흔히 이야기하는 '주식투자수익률Rate of Return'과는 다른 것이다. 주식투자수익률은 주식 매매차익과 배당수입이 투자원금에 비해 얼마나 되는지를 보여주는 숫자다. 예를 들어 정글주식회사 주식을 10만 원에 사서 15만 원에 팔고, 보유 기간 중 5,000원의 배당금을 받았다고 하면 주식투자수익률은 55퍼센트가 된다[(매매차익 5만 원+배당금 5,000원)/(투자원금 10만 원)=0.55].

주식투자수익률과 주식수익률을 헷갈려서는 안 된다. 주식투자수익률을 계산할 때는 주식을 판 값에 산 값을 뺀 매매차익이 중요하다. 그러나 주식수익률은 매매차익을 따지지 않는다. 그렇다면 주식수익률을 구해보자. 우리가 익히 알고 있는 주가수익비율(PER, Price/Earnings Ratio)은 주가를 주당순이익으로 나눈 값이다. 한 기업의 주식시가총액을 순이익으로 나눠도 같은 배수가 나온다.

예를 들어 정글주식회사의 주가가 10만 원이고, 이 회사가 주당 1만 원의 순이익을 낸다고 하자. 이 회사의 PER은 10이다(10만 원/1만 원=10). 이는 이 회사의 10년치 순이익이 주식시가총액과 같다는 뜻이다.

정글주식회사가 창출한 이익을 모두 투자자들에게 배당으로 나눠주는 것은 아니다. 이익을 배당으로 나눠줄 수도 있고, 미래 성장을 위한 투자자금으로 활용할 수도 있다. 중요한 것은 이익을 얼마나 냈느냐이다.

정글주식회사가 낸 이익은 주식시가총액의 10분의 1 수준이다. 10만 원짜리 주식 한 주당 1만 원꼴인 셈이다. 이때 정글주식회사의 주식수익률은 10퍼센트라고 말한다(1만 원/10만 원=0.1). 주식수익률은 주당순이익을 주가로 나눈 값이다. 순이익을 주식시가총액으로 나눈 값과 같다. 이는 PER을 거꾸로 뒤집은 것이다(1/10=0.1).

$$주식수익률 = \frac{주당순이익}{주가}$$

PER은 백분율(%)이 아니라 배수이기 때문에 채권수익률과 곧바로 비교할 수 없다. 그래서 주식수익률이 필요하다.

정글주식회사 주식과 채권 중 어느 쪽이 높은 이익을 내는지 비교해보자. 이 회사의 주식수익률(10퍼센트)은 채권수익률(7퍼센트)보다 3퍼센트포인트 더 높다.

이제 우리는 정글주식회사의 주식이 싼지 비싼지 알아볼 준비가 됐다. 단순히 주가가 높은지 낮은지가 아니라 주식이 싼지 비싼지를 보려는 것이다. 주가가 높은 주식과 비싼 주식은 다르다. 주식이 싼지 비싼지를 말하려면 비교 대상이 필요하다. 무엇에 비해 싼지 비싼지를 말해야 하는 것이다.

가장 단순한 비교는 과거주가와 비교하는 것이다. 이는 역사적 분석 또는 기술적 분석의 영역이다. 5년 전 5만 원 하던 정글주식회사 주가가 10만 원으로 올랐다면 이 주식은 비싼 것일까. 과거에 비해 주가가 2배가 된 것은 분명하다. 하지만 이 주식이 꼭 비싸졌다고 할 수는 없다. 오히려 싸졌을 수도 있다. 예를 들어 이 회사의 이익이 4배로 늘어나는 동안 주가는 2배밖에 안 올랐을 경우가 그렇다.

그러므로 주식이 싼지 비싼지를 알아보려면 그 회사의 이익 창출 능력을 따져봐야 한다. PER은 이익 창출 능력에 비해 주가가 높은 수준인지 낮은 수준인지 보여준다. 보통 PER이 높을수록 비싼 주식이라고 할 수 있다.

다른 종류의 자산에 비해 주식이 싼지 비싼지를 알아보려면 자산별로 수익률을 비교해보면 된다. 정글주식회사의 주식이 싼지 비싼지를 알아보려면 첫째, 이 회사의 주가가 과거에 비해 올랐는지 떨어졌는지 살펴보고, 둘째, 이 회사의 PER이 높아졌는지 낮아졌는지 보고, 셋째, 이 회사의 PER이 다른 회사의 PER에 비해 높은지 낮은지 보고, 넷째, 이 주식의 수익률이 채권수익률에 비해 얼마나 높은지 낮은지도 봐야 한다. 여러모로 따져볼수록 깊이 있는 분석이 된다.

이제 정글주식회사 대신 '주식회사 한국'을 보자.

그래프를 다시 보면 1999년 말까지 한국 증시에서는 채권수익률(검은 선)이 주식수익률(하얀 선)을 웃돌았다. 1990년대 투자자들은 주식수익률이 채권수익률보다 낮은데도 기꺼이 주식을 샀다.

좀 더 알기 쉽게 풀어보자. 1992년 2월에는 채권수익률이 주식수익률보다 13.9퍼센트포인트나 높았다. 당시 주식수익률은 3.9퍼센트에 지나지 않았지만 채권수익률은 17.8퍼센트에 이르렀다. 채권이 주식의 4.5배나 되는 수익률을 냈다. 주식수익률은 1990년대 내내 채권수익률을 밑돌았다. 주식수익률이 이토록 낮은데도 투자자들이 채권보다 주식을 선호한 까닭은 무엇일까.

주식은 채권보다 위험하다. 채권은 원금상환과 이자지급 날짜가 확정돼 있다. 이에 비해 주식은 원금상환 만기도 없고, 배당지급도 들쭉날쭉하다. 회사가 부도를 내면 주주들보다 채권자들이 먼저 회사 자산을 처분할 수 있다. 주식이 채권보다 위험하다면 그만큼 수익률도 높아야 한다. 그렇다면 1990년대 한국에서처럼, 위험은 더 큰데 수익률은 더 낮은 주식에 투자자들이 몰린 것은 누가 봐도 이상한 일이다.

1980년대 후반에도 사정은 같았다. 1985년 말 주식수익률(13.8퍼센트)과 회사채수익률(14.1퍼센트)은 비슷한 수준이었다. 그러나 그 후 3년 동안 주가가 폭등함에 따라 1988년 말 주식수익률(7.1퍼센트)은 회사채수익률(14.4퍼센트)의 절반에 불과한 수치를 냈다.

1988년 말 상장기업들의 PER을 단순평균하면 13.9배였다. 주식수익률이 7.1퍼센트란 뜻이다(1/13.9=0.071). 그러나 가중평균 PER(상장기업의 주식시가총액을 당기순이익 총액으로 나눈 값)은 26.5배였다. 주식수익률은 3.7퍼센트에 불과했다(1/26.5=0.037). 당시 회사채수익률의 4분의 1에 그쳤다. 투자자들은 안정적인 고수익을 내는 채권보다 언제 거품이 꺼질지 모르는 주식에 몰려들었다.

여기서 한 가지 의문이 생긴다. 주식이 채권보다 위험한데도 수익률이 낮다면 투자자들은 주식을 꺼리게 되고, 이에 따라 주가가 떨어져 결국 주식수익률이 오르지 않을까 하는 것이다(주식수익률은 주당순이익을 주가로 나눈 값이다. 분자인 주당순이익이 그대로라면 분모인 주가가 떨어져야 주식수익률이 오른다).

변화는 2000년 초에 찾아왔다. 그해 1월을 변곡점으로 주식수익률과 채권수익률 사이의 관계는 완전히 뒤바뀌었다. 2000년대 들어 주식수익률은 늘 채권수익률을 웃돌았다.

그 격차가 가장 크게 벌어진 것은 2003년 2월과 2004년 6월이었다. 2003년 2월에는 주식수익률(16.8퍼센트)이 채권수익률(5.1퍼센트)보다 11.7퍼센트포인트 높았다. 2004년 6월에는 주식수익률(16퍼센트)이 채권수익률(4.8퍼센트)보다 11.2퍼센트포인트 높았다. 돌이켜보면 그때가 주식을 사기 위한 절호의 기회였다. 2004년 6월, 당신이 이 그래프를 보았더라면 주식이 채권에 비해 매우 싸다고 자신 있게 말할 수 있었을 것이다.

그 후 주가가 크게 올라 주식수익률은 떨어지고, 채권수익률은 오름세를 이어갔다. 이에 따라 주식과 채권 사이의 수익률 격차는 크게 좁혀졌다. 2008년 6월 말 현재 주식수익률(9.6퍼센트)은 채권수익률(6.8퍼센트)에 비해 2.8퍼센트 높은 수준이다.

증시에 무슨 일이 일어났을까

그렇다면 2000년 이후 증시에 무슨 일이 일어났던 것일까.

지금부터 수수께끼를 풀어보자. 어디서부터 실마리를 찾아야 할지 막막하다면 다시 한 번 그래프를 찬찬히 들여다보자.

● 인플레이션과 채권수익률

1990년대 채권수익률은 고공행진을 했다. 그런데 2000년대에는 바닥을 기었다. 이 두 시기를 구분하는 가장 큰 차이점을 찾으려면, 먼저 채권수익률에 커다란 영향을 미친 요인들을 분석해볼 필요가 있다.

채권수익률은 채권의 실질수익률과 인플레이션으로 분해할 수 있다. 채권수익률이 6퍼센트이고 인플레이션이 4퍼센트라면 이 채권의 실질수익률은 대략 2퍼센트다(엄밀하게 따지면 실질수익률은 1.9퍼센트다. [1.06/1.04=1.019]).

그럼 채권수익률에 영향을 미치는 인플레이션부터 살펴보자. 1999년 말까지 8년 동안 소비자물가는 한 해 평균 4.9퍼센트씩 올랐다. 이에 비해 2000년 이후 8년 동안은 한 해 2.9퍼센트 오르는 데 그쳤다. 2000년 이후에는 인플레이션과 함께 채권수익률도 떨어졌다. 인플레이션이 낮을 때 투자자들은 안정적인 소득을 안겨주는 채권을 산다.

1990년대에는 그 반대였다. 인플레이션도 높고 채권수익률도 높았다. 투자자들은 인플레이션 때문에 실질적인 가치가 떨어지는 채권보다는 인플레이션 위험을 어느 정도 회피할 수 있다는 주식을 샀다. 주식수익률이 채권수익률보다 낮아도 기꺼이 주식을 산 것이다.

● 채권 공급과 채권수익률

1990년대처럼 기업들이 공격적인 투자를 하는 시기에는 투자자금을 조달하기 위한 채권 발행도 늘어난다. 채권 수요에 비해 공급이 크게 늘어나는 것이다. 채권 공급이 늘면 채권의 수익률은 올라간다(채권 가격은 떨어진다). 2000년대처럼 기업들이 투자에 소극적인 때는 채권 수요에 비해 공급이 줄어든다. 이는 채권의 수익률을 떨어트리는 요인이 된다.

● 인플레이션과 주식수익률

주식을 가진 투자자가 인플레이션 위험을 얼마나 피할 수 있을지는 딱 잘라 말하기 어렵다.

물가가 오르는 만큼 기업 이익도 늘어나면 주식은 인플레이션 위험 회피 수단이 될 수 있다. 그러나 물가가 오를 때 기업 이익이 줄어드는 경우도 많다. 부품과 원자재는 더 비싸게 사와야 하는데 제품 가격은 올릴 수 없는 경우가 그렇다.

물가가 오를 때 기업 이익의 질이 떨어지는 경우도 많다. 제품 가격이 오르면 그만큼 매출액은 늘어나지만, 미리 사놓은 부품과 원재료 값은 과거 매입가격 그대로이기 때문이다. 이 경우 회계장부상의 부풀려진 이익은 그 기업의 이익 창출 능력을 과장하게 한다. 이처럼 이익의 질이 떨어지면 주가도 떨어진다. 이런 요인만을 따지면 인플레이션이 높을수록 PER은 낮아지고 주식수익률은 높아진다. 그러나 1990년대에는 그렇지 않았다. 인플레이션이 비교적 높은데도 주식수익률은 낮았다. 투자자들은 연평균 5퍼센트를 밑도는 인플레이션을 그다지 심각하게 생각하지 않았다.

● 기업 이익과 주식수익률

1990년대 주식수익률이 왜 그렇게 낮았는지 좀 더 생각해보자.

앞서 본 것처럼 주식수익률은 주당순이익을 주가로 나눈 값이다. 수익률이 낮다는 것은 기업의 이익에 비해 주가가 높다는 뜻이다. 주가는 기업이 얼마나 이익을 많이 내느냐에 따라 오르내린다. 한 해 이익뿐만 아니라 장래의 이익이 모두 주가에 반영된다. 당장은 이익이 많이 나지 않아도 앞으로 이익이 크게 늘어날 것으로 기대되면 주가는 오른다. 주가가 오르면 PER은 높아지고, 그 역수인 주식수익률은 낮아진다.

1990년대 투자자들은 한국 기업의 성장성을 높이 샀다. 장래에 이익이 크게 늘어날 것으로 기대했기 때문이다. 투자자들이 프리미엄을 주고서라도 주식을 사려 했기 때문에 당장의 이익에 비해 주가는 높았고 주식수익률은 낮았다. 지나서 보면 1990년대 기업의 성장성에 대한 투자자들의 기대는 지나치게 높은 것이었다. 고성장의 환상에 빠진 투자자들에게 낮은 주식수익률은 큰 문제가 아니었다.

한국 기업들은 외환위기 전 지나칠 정도로 공격적인 투자를 계속했다. 기업들은 배당은 쥐꼬리만큼만 하면서 수익성이 의심스러운 사업에 무턱대고 투자를 늘렸다. 얼마나 많은 이익을 남기느냐보다는 얼마나 외형을 키우고 시장점유율을 높이느냐에 더 많은 관심을 기울였다.

그러나 외환위기 후에는 사정이 달라졌다. 기업 이익이 늘어날 것이라는 기대는 크게 떨어지고, 기업들은 지나칠 정도로 몸을 사렸다. 훗날 많은 이익을 남길 수 있다 하더라도 지금 당장 주가에 안 좋은 영향을 미칠 만한 사업이라면 투자를 꺼렸다.

국내총생산GDP 대비 설비투자 규모는 1990년대 중반 13퍼센트 안팎이었으나 2002년 이후에는 10퍼센트를 밑돌았다. 외환위기 직전인 1996년 기업의 설비투자 규모는 78조 원 가까운 수준이었으나 2007년에는 91조 원 남짓했다. 11년 전에 비해 17퍼센트 늘어나는 데 그쳤다.

기업들의 투자가 부진하면 장래 이익이 크게 늘어날 것으로 기대하기 어렵다. 투자비용을 적게 쓰니 당장은 이익이 많이 나지만, 장래의 이익까지 생각하는 투자자들은 당장의 이익에 비해 주식값을 높게 쳐주지 않는다. 이렇게 보면 2000년 이후 주식수익률이 높았던 까닭을 이해할 수 있다.

● 주가 변동 위험과 주식수익률

2000년 초 주식수익률과 채권수익률 간 역전 현상을 이해하려면 리스크(투자위험)에 대한 투자자들의 태도에 어떤 변화가 일어났는지도 함께 생각해봐야 한다. 외환위기 직후 몇 년 동안 주식시장은 위험한 널뛰기를 계속했다. 주가의 변동성이 크게 높아진 것이다. 이는 그만큼 리스크가 높아졌다는 뜻이다.

일반적으로 주가의 널뛰기가 심해 리스크가 높아지면 주식의 PER은 낮아진다. 투자자들이 위험한 주식에 대해서는 값을 덜 쳐주기 때문이다. 투자위험이 높아 PER이 낮은 주식은 그만큼 주식수익률이 높다. 외환위기로 주식시장이 무너지는 것을 본 투자자들은 주식이 웬만큼 높은 수익률을 내지 않으면 주식을 사려 하지 않았다. 이는 외환위기 전에 비해 몸을 많이 사리는 모습이었다.

1999년 이전에는 인플레이션이 높았다. 따라서 채권수익률도 높았다. 이 시기에는 기업의 성장성에 대한 투자자들의 기대가 컸다. 당장은 이익이 조금밖에 안 나도 장래에는 이익이 크게 늘어날 것으로 기대했다. 프리미엄을 주고서라도 주식을 살 만하다고 생각했다. 당장의 이익에 비해 주가가 높아도(주식수익률이 낮아도) 기꺼이 주식을 산 것은 이 때문이다. 투자자들은 주식의 위험성에도 아랑곳하지 않았다. 채권보다 못한 수익률을 내는 주식을 기꺼이 선택했다.

2000년 이후에는 인플레이션이 낮았다. 따라서 채권수익률도 낮았다. 이 시기에는 기업의 성장성에 대한 투자자들의 기대가 크게 낮아졌다. 당장은 이익이 많이 나도 앞으로도 이익이 계속 늘어날 것으로 기대하지는 않았다. 이익에 비해 주가가 낮아도(주식수익률이 높아도) 주식 사기를 꺼려했다.

또 이 시기에는 투자자들이 주식투자의 리스크를 안는 데 많은 보상을 요구했다. 리스크가 큰 주식의 수익률이 리스크가 작은 채권의 수익률을 크게 웃돌았다.

하지만 이제 또 다른 반전이 이뤄질 가능성이 커지고 있다. 2007년 이후 인플레이션 압력이 커지면서 채권수익률이 오름세를 보이고 있기 때문이다. 따라서 주식수익률이 채권수익률을 웃도는 현상이 유지되려면 기업 이익이 늘거나 주가가 떨어져야 한다는 분석이 가능하다.

주식수익률에 대한 가이드는 이쯤에서 마무리하는 것이 좋겠다. 현실적으로 보통 사람들이 더 이상 정교한 계량적 분석을 하기는 어렵다. 보통 사람의 능력을 벗어나는 골치 아픈 분석에 끌려들어갈 필요는 없다. 복잡하고 어려운 분석이 반드시 예측력이 높다고도 할 수 없다. 보통 사람들도 언제든지 쉽게 활용할 수 있는 간단한 분석이 더 유용한 것이다. 투자대상 자산의 수익률을 시중 실세금리와 비교해보는 것은 어떤 자산이 싼지 비싼지 가늠해보는 가장 손쉬운 방법이다.

주식수익률을 잘 이해하면 시장 전체를 크게 멀리 볼 수 있다. 나무만 보지 않고 숲 전체를 볼 줄 아는 눈을 가지게 되는 것이다.

부동산 거품 속에서

이제 부동산으로 눈을 돌려보자.

우리는 앞서 주식이 싼지 비싼지 따져보기 위해 주식수익률과 채권수익률을 비교해봤다. 같은 방법을 부동산에 적용해보기 전에 헷갈리지 말아야 할 것이 있다. 앞서 주식수익률과 주식투자수익률을 구분했듯이 여기서는 부동산수익률과 부동산투자수익률을 구분해야 한다.

우리가 주목하는 부동산수익률은 주식수익률과 같은 개념이다. 매매 차익을 감안한 부동산투자수익률이 아니다.

구체적인 예를 들어보자. 서울 강남의 노른자위에 있는 정글아파트 102제곱미터(31평)형 매매가격은 10억 원이다. 전세가격은 2억 3,000 만 원이다. 아파트 주인 재규어 씨는 다른 곳에 살 집이 있어서 정글아 파트를 전세로 주었다.

그가 받은 전세금에서 시중 실세금리만큼의 이자소득을 얻는다고 치 자. 2008년 5월, 만기가 2년 남은 국채수익률을 기준으로 하면 연 5퍼 센트의 이자를 받을 수 있다. 이때 재규어 씨가 전세금에서 얻는 이자 소득은 1,150만 원이다(2억 3,000만 원×0.05=1,150만 원). 이는 정글아파 트 시세의 1.15퍼센트다. 정글아파트에서 나오는 임대소득을 수익률 로 따지면 1.15퍼센트에 불과하다는 이야기다.

다시 말하면 정글아파트의 가격이 연간 임대소득의 86배라는 뜻이 다(10억 원/1,150만 원=86). 정글아파트의 수익률은 PER이 86인 주식의 수익률과 같다. 주가가 주당순이익의 86배에 이른다면 그것은 매우 비 싼 주식에 속한다. 지금 당장은 이익을 조금밖에 내지 못하지만, 앞으 로 순이익이 급속히 늘어날 것으로 기대하지 않는 한 이처럼 비싼 주식 을 사는 것은 위험하다.

PER이 86인 주식은 위험하다고 생각하면서도, PER이 86인 아파트 에 대해서는 위험을 느끼지 않는 사람들이 많다. 왜 그런가. 투자자들 이 언젠가 아파트값이 크게 뛰어 커다란 시세차익을 얻을 수 있을 것으 로 굳게 믿기 때문이다. 그렇다면 임대수익률이 1퍼센트 남짓한 아파 트의 값이 언젠가 크게 뛸 수 있으리라는 믿음의 근거는 무엇일까.

부동산은 손으로 만질 수 있다. 실물자산이라는 말이다. 기업은 파산하고 사라져버릴 수 있지만 상가나 아파트 건물은 언제나 그 자리에 굳건히 서 있다. 이 때문에 사람들은 한낱 종이쪽에 불과한 주식이나 채권보다 부동산이 믿을 만하다고 생각한다.

그러나 아파트나 상가 건물 그 자체에서 본질적인 가치를 찾을 수는 없다. 태백산맥 깊숙한 곳에 지은 아파트나 쇼핑몰은 가치가 전혀 없다. 임대소득을 창출하지 못하기 때문이다. 아파트나 상가와 같은 부동산의 가치는 건물 그 자체보다는 임대소득에 있다.

재규어 씨가 10억 원짜리 정글아파트를 살 돈으로 국채를 샀다면 해마다 5,000만 원의 이자를 받을 수 있었다. 그러나 그는 아파트를 샀기 때문에 1,150만 원밖에 벌 수 없었다. 이렇게 10년이 지나면 국채에서 나온 이자소득(5억 원)에 비해 아파트의 임대소득(1억 1,500만 원)은 3억 8,500만 원이나 모자란다.

그럼에도 불구하고 굳이 아파트를 사는 이유는 시세차익을 기대하기 때문이다. 10년 새 아파트값이 15억 원이나 20억 원으로 뛴다면 잃어버린 이자소득 3억 8,500만 원쯤은 만회하고도 남는다. 재규어 씨가 이 아파트를 전세로 주지 않고 자신이 직접 거주하는 경우에도 마찬가지다. 그가 이 아파트에 직접 살기 때문에 포기해야 하는 임대소득은 1,150만 원이다. 이는 남에게 전세로 주고 얻을 수 있는 임대소득과 똑같다.

그는 아파트를 사느라 10억 원을 썼기 때문에 국채를 샀더라면 벌 수 있는 5,000만 원은 포기해야 했다. 대신 아파트값이 오르면 커다란 시세차익을 챙길 수 있다는 희망을 갖고 있다. 정글아파트 시세가 재규어 씨의 기대대로 금세 15~20억 원으로 올라 대박을 터트릴 수도 있다. 재규어 씨가 아파트 대신 국채를 샀는데 결과적으로 아파트값이 이렇게 오르면 그는 땅을 치고 후회할 수도 있다.

그러나 아파트 시세가 떨어지거나, 게걸음을 하거나, 올라도 잃어버린 이자소득을 만회할 만큼 크게 오르지 않으면 그는 손실을 입게 된다. 가격이 크게 오를 수도 있고 크게 떨어질 수도 있는 자산은 위험한 자산이다.

아파트는 유동성이 떨어진다. 그만큼 현금화하기 어렵다는 뜻이다. 또한 시간이 지나면 물리적으로 낡고 부서져 가치가 떨어진다. 임차인이 집세를 제때 내지 않을 위험도 있다. 정부가 상환을 약속한 국채와 달리 아파트에 투자한 돈은 마지막에 투자원금을 온전히 회수할 수 있다는 보장이 없다.

재규어 씨는 결국 이 아파트를 샀다. 부동산 불패와 강남 불패의 신화를 믿었기 때문이다. 한국에서 재테크 수단으로 부동산만한 것이 없으며, 더욱이 서울 강남의 노른자위 아파트 가격은 일시적으로 주춤할 수는 있어도 장기적으로는 오를 수밖에 없다고 믿었기 때문이다. 무엇보다 이 아파트를 재건축해 가치를 높이면 시세가 크게 뛸 것으로 확신했기 때문이다.

재규어 씨처럼 수익률을 무시하고 시세차익만 노리고 하는 투자는 투기적이다. 정글아파트 가격이 오를지 내릴지는 아무도 알 수 없다. 가격이 오를 만한 확실한 이유가 있다면 이는 이미 지금의 가격에 반영됐을 가능성이 크다. 시세차익을 남길 수 있을지 없을지는 순전히 운명의 여신에게 맡겨야 한다. 투기는 그런 것이다.

한국 사회에서 투기꾼은 사회악으로 여겨진다. 특히 부동산 투기꾼은 공공의 적으로 여겨져 많은 비난을 받는다. 그러나 여기서 말하는 투기는 단지 수익률을 보지 않고 시세차익만을 노리는 투자를 일컫는 말일 뿐이다.

여기서 잠시 우리나라 부동산 경기의 큰 흐름을 짚고 가자.

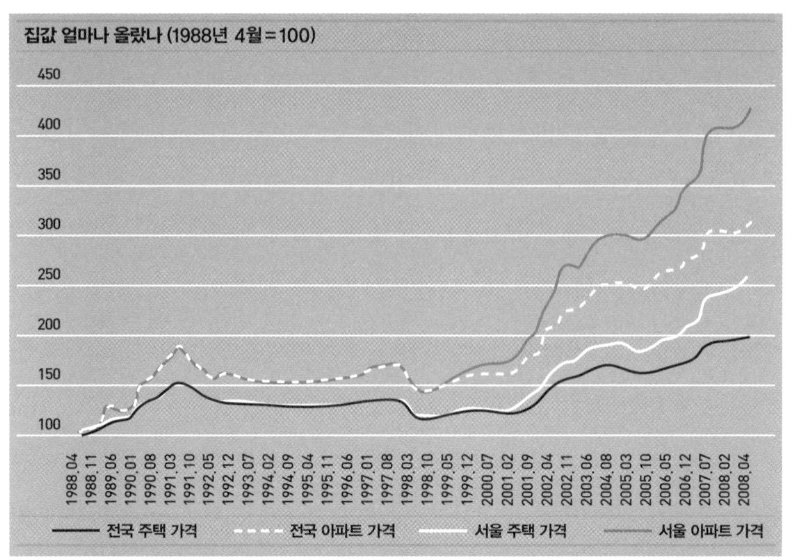

부동산 가격이 큰 폭으로 널뛰기 하는 것은 공급의 경직성 때문이다. 수요가 늘어나면 재빨리 공급이 따라줘야 하는데 그렇지 못한 것이다. 오피스나 상가와 같은 상업용 부동산은 주택에 비해 경기 변동이 더 심하다. 수요가 늘면 개발업자들이 신규 물량 공급을 계획하고, 허가를 얻고, 자금을 모아 공사를 하고, 입주자를 모집하기까지 시간이 많이 걸리기 때문이다. 실제 공급이 이뤄질 때면 이미 경기가 가라앉아 임대료가 크게 떨어지기 쉽다. 부동산 경기의 급격한 변동이 금융위기를 초래하는 경우도 많다. 1997년 태국의 극심한 부동산 거품이 꺼질 때 아시아 경제위기가 촉발된 것이 그 단적인 예다.

주택의 실질적인 수요는 경기 사이클과 밀접한 관련이 있다. 보통 집값 움직임은 경기를 뒤따라간다. 경기의 정점이 지난 뒤 집값이 고점을 찍고, 경기가 바닥을 치고 한참을 지나야 저점을 기록한다.

앞서 이야기한 것처럼 1980년대 후반 한국 경제는 '3저 호황'으로 흥청거렸다. 집값은 가파르게 올랐다. 당시 집값 상승은 외환위기 이후 집값 상승기에 비하면 단기간에 급등했다는 점에서 더 극적이었다.

전국 집값은 1980년대 말 4년 1개월(1987년 3월~1991년 4월)간 79퍼센트 가까이 올랐다. 아파트값은 128퍼센트 가까이 상승했다. 서울 집값은 같은 시기(1987년 6월~1991년 4월)에 76퍼센트 가까이 상승했고, 서울 아파트값은 127퍼센트 가까이 뛰었다.

집값은 1991년 4월 꼭짓점에 이르렀다. 그 후 외환위기가 한창이던 1998년 11월 바닥을 찍기까지 7년 7개월 동안 약세를 보였다. 전국의 집값은 이 기간 중 평균 22퍼센트 가까이 떨어졌다. 서울 집값은 26퍼센트 가까이 하락했다.

집값은 외환위기가 터지기 직전 일시적으로 오르기도 했지만, 1997년 10월 단기 고점을 기록한 후 급락세를 보였다. 13개월 새 전국 집값은 13퍼센트, 서울 집값은 15퍼센트 떨어졌다. 서울의 아파트값은 평균 18퍼센트나 하락했다. 집값이 1991년 수준을 다시 회복하는 데는 11년 4개월이 걸렸다. 전국 집값은 2002년 8월에 가서야 1991년 4월 수준을 회복했다. 서울 아파트의 경우, 그보다 1년 이른 2001년 8월 직전 고점을 회복했다.

집값은 1998년 11월 바닥을 친 후 2008년 6월 현재까지 가파른 상승세를 나타내고 있다. 강력한 부동산투기 억제정책으로 일시적인 숨고르기를 하기도 했으나 조정다운 조정은 사실상 없었다.

2008년 6월까지 9년 7개월 동안 전국 집값은 71퍼센트 뛰었다. 서울 집값 상승률은 127퍼센트에 달했다. 같은 기간 전국 아파트값은 115퍼센트 올랐고, 서울 아파트값은 206퍼센트 뛰었다. 서울 아파트값은 10

년도 채 안 돼 3배로 뛴 것이다.

눈을 돌려 미국 부동산시장을 보자.

미국 자동차 산업의 메카였던 디트로이트는 2007년 암흑의 도시로 변했다. 모기지(주택담보대출) 원리금을 못 갚아 압류당한 집이 늘면서 도시의 불빛이 하나 둘 사라졌기 때문이다. 부동산 거품이 끓어오를 때 앞 다투어 서브프라임 대출을 받아 집을 산 이들은 집값이 크게 떨어지자 자산가치가 부채에 미치지 못하는 '깡통주택'을 안게 됐다. 이들은 결국 깡통주택을 포기했고 대출금융기관들이 빈집을 떠안게 됐다.

투자자들이나 대출금융기관이나 투기의 거품에 눈이 멀었던 것이 분명해졌다. 이 도시의 성장 동력인 자동차산업이 쇠퇴하는 마당에도 집값이 계속 오를 수 있을 것으로 믿었던 것이 잘못이었다. 미국의 집값 거품이 꺼지는 것은 부동산 불패신화가 허구임을 웅변하고 있다.

미국의 경우에서 보듯이 단기적으로는 시중 유동성과 금리 수준이 주택 수요에 큰 영향을 미친다. 그러나 장기적으로 보면 주택에 대한 실질 수요는 산업의 흥망과 인구 증감에 따라 달라진다. 20세기 초 조선 산업 중심지였던 북아일랜드 수도 벨파스트와 21세기 초 세계적인 조선소들이 몰려 있는 한국의 거제도를 비교해보라. 지금은 잘나가는 거제도가 언젠가 벨파스트나 디트로이트와 같은 운명을 맞게 될지는 아무도 모르는 일이다.

투기

거품이 끓어오르는 시장에서 거품을 볼 수 있는 투자자들은 드물다. 거품은 투자자들의 눈을 멀게 하기 때문이다. 거품 속에서 거품을 볼 수 있으면 치명적인 오류를 피할 수 있다. 그러나 그 혜안이 반드시 성공적인 투자로 이어지는 것은 아니다. 이는 오랜 역사의 가르침이다. 인간의 탐욕이 만들어내는 거품은 비단 오늘날만의 현상은 아니다.

1620년대 네덜란드에 튤립 투기의 광풍이 몰아쳤을 때의 일이다. 웬만큼 똑똑한 이들은 튤립 여섯 뿌리로 집 한 채를 살 수 있을 때쯤 시장이 완전히 미쳤다며 손을 털고 나갔다. 인간의 이성을 믿는 한 튤립 뿌리가 그보다 높이 치솟을 수는 없다고 판단한 것이다. 그러나 그들은 틀렸다. 그 후에도 미친 투기바람은 계속됐다. 튤립 한 뿌리로 암스테르담 운하 옆의 아름다운 저택 한 채를 살 수 있을 때까지.

2000년대 한국의 많은 투자자들은 이 같은 시장의 생리를 잘 알고 있었다. 거품을 경계하는 목소리가 끊이지 않았던 인기 지역 아파트 시장에 우르르 몰려들었던 투자자들을 보라. 이들은 어떤 시장에 이미 거품이 많이 끼어 있다 하더라도 투기적 시장의 속성상 또 얼마나 값이 치솟을지 알 수 없다고 생각했다. 투자자들은 아직도 400년 전 튤립 투기의 환상을 버리지 못하고 있었다.

1740년대 영국의 천재 물리학자 아이작 뉴턴은 거품 속에서도 거품을 볼 수 있는 사람이었다. 뉴턴은 이익을 한 푼도 내지 못하고 있던 남해주식회사의 주가가 이상 급등하자 갖고 있던 주식을 모두 팔아치웠다. 그는 주식을 팔아치우면서 '천체의 움직임은 계산할 수 있어도 인간의 광기는 도저히 예측할 수 없다'는 말을 남겼다.

그러나 그가 주식을 팔아치운 뒤에도 남해주식회사의 주가는 줄기차게 올랐다. 1년 동안 그 꼴을 지켜보던 뉴턴은 더 이상 버티지 못하고 그 주식을 다시 샀다. 그러나 타이밍이 너무 늦었다. 결국 남해주식회사의 거품은 갑자기 꺼져버렸고 뉴턴은 거금을 날리고 말았다. 뉴턴처럼 밝은 눈으로 거품을 볼 수 있어도 그 판단이 흔들리면 치명적인 오판을 할 수 있다. 대중의 광기에 휩싸여 자신의 눈을 의심하게 되고, 결국은 다시 거품에 눈이 멀게 되는 것이다.

그런 사람들은 얼마든지 있다. 그런 사람들은 아파트나 주식 값이 이미 비이성적인 수준에 도달했다고 느끼면서도 다시 투기장에 뛰어든다. 가격이 마냥 오르기만 할 것 같아 뒤늦게 투기장에 뛰어드는 것은 보통 사람이나 천재나 다르지 않다.

거품이 끓어오르는 시장에서는 운이 좋으면 튤립 한 뿌리로 저택을 얻는 행운을 거머쥘 수 있다. 그러나 잘못되면 뉴턴처럼 빈털터리가 될 수도 있다. 투기의 광풍이 불어 닥친 시장은 이미 합리적 예측의 영역을 벗어나 있다. 적어도 거품이 걷힐 때까지는 그렇다.

투기는 전염성이 강한 바이러스다. 일단 이 바이러스에 감염된 투자자들은 도저히 합리적이라고는 볼 수 없는 행동을 한다. 투자자들은 군중의 행동이 아무리 비합리적인 것 같아도 그 군중에 섞여 가는 게 오히려 안전하다고 느낄 수도 있다. 무리 속에서 안전하다고 느끼는 것은 동물적 본능이다. 눈먼 자들의 도시에서는 혼자 멀쩡한 눈을 가진 사람이 오히려 비정상일 수도 있다.

2000년대 중반 주식시장이 신뢰의 위기를 겪을 때 투자자들은 앞 다투어 시장을 빠져나갔다. 그러나 부동산시장에서는 정책에 대한 신뢰가 땅에 떨어지면서 오히려 거품이 끓어올랐다. 해로운 거품을 걷어내는 데 무능한 정책 당국을 수없이 지켜봤던 투자자들은 앞뒤 가리지 않고 부동산투기 대열에 뛰어들었다.

거품이 끓어오르고 있음을 경계하고 해로운 거품을 걷어내는 방안을 찾아야 할 정부는 오히려 거품 확산을 방조하는 모습도 보였다. 내수

침체를 막는다는 명분으로 부동산과 신용카드 거품이 끓어오르도록 내버려두기도 했다. 정책을 결정하는 이들 스스로 거품 안에 뛰어들어 거품을 보지 못했는지도 모른다. 부동산은 언제나 오르기만 하며, 어떤 경우에도 안전한 자산이라는 뿌리 깊은 오해도 한몫했다. 이런 오해가 결국 '묻지마 투자'를 부추겼다.

반면 주식시장은 오랫동안 찬밥 신세를 면치 못했다. 주식이라면 아예 거들떠보지도 않겠다는 투자자들이 늘어나면서 주식시가총액이 순자산가치보다 낮은 기업들이 수두룩했다. 앞서 본 것처럼 주식수익률이 채권수익률의 2~3배에 이를 때가 많았다.

장롱 속에 숨겨둔 달러

이제 세계로 눈을 돌릴 차례다.

지금은 투자대상을 우리나라 주식이나 부동산에만 한정할 필요가 없다. 중국 펀드나 미국 부동산은 말할 것도 없고, '프런티어 마켓'으로 불리는 동유럽과 남미, 중동, 아프리카 증시나 상품시장에까지 관심을 갖는 투자자들이 늘고 있다. 이처럼 해외에서 엘도라도(황금의 땅)를 찾는 이들이 반드시 알아야 할 것이 있다. 바로 '환율'이다.

2007년 검찰 조사를 받던 한 유명인사의 숨겨둔 은행 대여금고에서 외국 돈다발이 나왔다. 미국 돈 10만 달러와 일본 돈 1,000만 엔이 3년 동안 잠을 자고 있었다. 금고 주인이 어떤 연유로 외국 돈뭉치를 숨겨뒀는지는 알 수 없다. 그러나 분명한 것은 그가 외화를 좋아하다 큰 손실을 입었다는 점이다.

3년 전 10만 달러는 1억 1,400만 원이었다. 금고가 발견될 당시에는

9,100만 원 남짓했다. 1,000만 엔은 1억 원에서 7,800만 원으로 값이 떨어졌다. 이 돈을 모두 원화 예금에 들어 뒀더라면 세금을 떼고도 10퍼센트(2,100만 원) 이상 불었을 것이다. 결국 그는 외국 돈만, 그것도 현금만 좋아하다 7,000만 원의 손실을 본 셈이다.

외화 중에서도 하필 달러와 엔화를 선택한 것은 센스 부족이었다. 3년 새 달러는 원화에 비해 20퍼센트, 엔화는 25퍼센트 하락했다. 이에 비해 유로나 파운드화 하락폭은 8~9퍼센트에 그쳤다. 큰돈을 옮기거나 숨겨둘 때도 유로가 유리하다. 9킬로그램들이 가방에 100달러짜리를 꼭꼭 재어 넣으면 450만 달러가 들어간다. 그러나 500유로짜리로 채우면 3,500만 달러 가까운 돈이 들어간다(2008년 5월 현재 환율 1유로=1.54달러로 계산). 같은 금액이라면 유로 현금 뭉치의 부피가 달러 뭉치의 7분의 1밖에 안 된다. 은밀한 돈을 부피가 7배나 큰 달러 뭉치로 건네면 당장 센스 없는 사람으로 찍힐 수 있다.

지난 반세기 동안 가장 많은 사랑을 받은 통화는 달러였다. 러시아 마피아도, 제3세계 부정 축재자들도 누구보다 열정적으로 달러를 사랑했다. 그러나 언제부턴가 그 사랑은 식어가고 있다. 유럽 단일통화가 탄생하면서 달러의 인기는 뚝 떨어졌다. 마피아의 돈 가방이나 보통 사람들의 침대 밑에서도 달러가 밀려나고 있다. 유로는 시중에 나온 지 5년도 안 된 2006년 10월, 현금 유통량(6,100억 유로=8,000억 달러)에서 달러를 제쳤다.

2008년 봄 6개 주요 통화에 대한 달러가치는 1973년 변동환율제가 도입된 이후 최저 수준으로 떨어졌다. 반면 유로는 5년 새 달러에 비해 80퍼센트 이상 올랐다. 2002년 초 1유로를 사려면 0.87달러가 필요했다. 2008년 4월 23일에는 1.59달러가 필요했다.

지극했던 달러 사랑이 식을수록 새로운 갈등이 고개를 들었다. 통화가치가 치솟은 유로권은 수출 경쟁력이 떨어진다며 아우성이었다. 각 국 중앙은행들의 외환보유액 중 3분의 2가 달러 자산이지만 갈수록 유 로 비중이 커지고 있다. 국제 금융시장에서는 특히 아시아 중앙은행들 의 변심을 걱정하고 있다. 2008년 5월 현재 1조 7,000억 달러의 외환을 보유한 중국은 이미 달러 자산 비중을 줄일 뜻을 비쳤다.

그토록 달러에 목말라했던 한국 통화당국도 이제 산더미처럼 쌓인 달러 때문에 고민하고 있다. 값이 떨어지는 달러 자산을 계속 사들이기 도 어렵다. 2008년 여름 정부는 원화가치를 끌어올려 수입물가 상승세 를 누그러뜨리기 위해 달러를 대량 매도하기도 했다. 개인들도 달러 사 랑의 무상함에 애태우고 있다. 미국에 사 둔 집이나 캐나다에 유학 보 낸 자녀를 생각하면 잠이 안 온다.

당신의 장롱 속에도 잠자는 달러가 있다면 심각하게 고민해볼 일이 다. 앞으로도 일편단심 달러만을 사랑할 것인지, 아니면 위안화든 엔화 든 다른 상대를 찾아볼 것인지.

베이징의 빅맥, 서울의 빅맥

2007년 여름, 모스크바 아르바뜨 거리 끝자락의 맥두날드 햄버거 가 게 안. 주문대마다 러시아인과 외국인 관광객들이 섞여 길게 줄을 서 있다. 2층에도 테이블이 많지만 빈자리가 없다. 종업원들이 정신을 못 차릴 정도로 손님들이 밀려들고 있다.

모스크바 남쪽 주택가의 맥도날드 가게도 마찬가지였다. 매장은 손 님으로 가득했다. 맥도날드는 모스크바에서 가장 인기 있는 식당이다. 왜 그렇게 장사가 잘될까. 외국 관광객들이 볼 때 모스크바의 맥도날드는 매우 싸기 때문이다. 빅맥 하나에 52루블 하는 모스크바의 맥도날드가 왜 싸다고 하는지 그 이유를 알기 위해서는 환율에 대한 이해가 필요하다(이런 복잡한 이야기가 질색이라면 이 대목을 건너뛰는 것도 정신건강에 좋을 것이다. 나중에 심심할 때 다시 들춰봐도 괜찮다).

환율은 어떤 두 나라의 돈을 맞바꿀 때 필요한 교환비율이다. 환율이 어떻게 정해지는지를 설명하는 이론 중에 구매력평가(PPP, Purchasing Power Parity)이론이라는 것이 있다. 쉽게 설명하면 이렇다. 어떤 두 나라에 똑같은 상품을 담은 바구니가 있다고 하자. 예를 들어 이 상품 한 바구니 값이 미국에서는 150달러이고, 프랑스에서는 100유로라고 하자. 똑같은 바구니 하나가 한 나라에서는 150달러이고, 다른 나라에서는 100유로다. 다시 말해 150달러를 갖고 살 수 있는 상품(150달러의 구매력)과 100유로로 살 수 있는 상품(100유로의 구매력)이 같다.

값어치가 똑같은 달러와 유로는 맞바꿀 수 있다. 100유로와 150달러의 구매력이 같다면 1유로는 1.5달러와 바꿀 수 있는 것이다. 이것이 달러와 유로 사이의 환율이다. 이렇게 계산한 이론적인 환율을 '구매력평가환율'이라고 한다. 구매력이 같은 두 나라 돈의 교환비율이라는 뜻이다. 그러나 실제 환율은 이론적인 환율과 일치하지 않는 경우가 대부분이다.

『이코노미스트』지는 구매력평가이론을 가지고 '빅맥지수'라는 것을 만들었다. 빅맥은 맥도날드에서 만드는 커다란 햄버거다. 이 햄버거 값에는 밀가루와 쇠고기와 야채 값은 물론, 종업원 인건비와 가게 임차료가 전부 반영돼 있다. 그러므로 세계 각국에서 팔리는 빅맥값을 비교해 어느 나라 돈이 구매력에 비해 싼지 비싼지를 따져볼 수 있다.

다시 아르바뜨 거리의 맥도날드 가게로 돌아가보자.

2007년 7월 뉴욕에서 3.41달러 하던 빅맥을 모스크바에서 사먹으려면 52루블을 줘야 했다. 미국 돈 3.41달러와 러시아 돈 52루블은 모두 빅맥 하나를 살 수 있었다. 이처럼 구매력이 같은 두 가지 돈은 서로 맞바꿀 수 있다. 따라서 빅맥에 대한 구매력만을 감안하면 1달러는 15.2루블이어야 한다(3.41달러 : 52루블 = 1달러 : 15.2루블). 이것이 달러와 루블 사이의 이론적인 환율(구매력평가환율)이다.

그러나 실제로 외환시장에서 거래되는 달러와 루블 사이의 환율은 1달러당 25.6루블이었다. 1달러를 갖고 가면 25.6루블을 바꿀 수 있었다. 따라서 모스크바에 간 미국 관광객이 52루블 하는 빅맥을 사먹는데 필요한 달러는 3.41달러가 아니라 2.03달러였다(25.6루블 : 1달러 = 52루블 : 2.03달러).

달러와 루블의 구매력을 감안해 계산한 이론적인 환율은 1달러당 15.2루블이다. 그런데 실제 시장 환율은 1달러당 25.6루블이었다. 루블화는 그 구매력에 비해 시장에서 너무 낮게 평가받았다. 구매력을 감안하면 1루블은 6.5센트(1/15.2달러)의 가치가 있지만 실제 시장에서는 3.9센트(1/25.6달러)밖에 안 쳐줬다. 시장에서 쳐주는 루블화의 가치는 구매력을 감안해 이론적으로 산정한 가치의 60퍼센트에 불과했다. 외환시장에서 루블화는 구매력에 비해 40퍼센트 낮게 평가된 것이다.

이런 식으로 계산하면 2007년 7월 중국 위안화는 58퍼센트나 저평가돼 있었다. 중국의 빅맥은 11위안이었다. 미국에서 3.41달러 하는 빅맥이 중국에서는 11위안이니 구매력을 감안하면 1달러는 3.23위안이어야 했다. 그러나 실제 시장 환율은 1달러당 7.60위안이었다.

구매력을 따지면 1위안은 30.9센트(1/3.23달러)의 가치가 있지만 시장에서는 13.1센트(1/7.6달러)의 가치만 쳐줬다. 시장에서 가치를 구매력의 42퍼센트만 쳐주는 바람에 외국인은 뉴욕에서 3.41달러에 사먹는 빅맥을 베이징이나 상하이에서는 불과 1.45달러에 사먹을 수 있었다.

같은 원리로 따져보면 2007년 7월 당시 시장에서 달러당 923원을 쳐준 한국 원화는 8퍼센트 저평가돼 있었다. 당시 『이코노미스트』가 조사한 한국의 빅맥값은 2,900원이었다. 미국에서 3.41달러 하는 햄버거가 한국에서는 2,900원 하니 1달러의 구매력평가환율은 850원이었다(3.41달러 : 2,900원 = 1달러 : 850원). 1원의 구매력평가환율은 0.117센트(1/850달러)였다.

그러나 외환시장에서 원화는 0.108센트(1/923달러)로 평가받고 있었다. 같은 방법으로 2008년 5월 16일 외환시장에서 달러당 1,041원에 거래된 원화는 얼마나 저평가된 것인지 계산해보자. 햄버거값이 그대로 2,900원이라면 원화는 구매력에 비해 18퍼센트 저평가된 것으로 나온다.

빅맥지수에 따르면 2007년 7월 당시 위안화 다음으로 저평가된 통화로는 홍콩 달러(55퍼센트 저평가), 말레이시아 링기트(53퍼센트 저평가), 이집트 파운드(51퍼센트 저평가), 인도네시아 루피아(48퍼센트 저평가), 필리핀 페소(46퍼센트 저평가), 태국 바트(47퍼센트 저평가)였다. 이들 나라에 달러를 들고 가면 맥도날드에서는 미국의 절반 값에 먹을 수 있었다. 선진국 중에서는 거의 유일하게 일본 엔화가 33퍼센트나 저평가돼 있었다.

반면 스위스 프랑은 53퍼센트, 덴마크 크로네는 49퍼센트, 스웨덴 크로나는 42퍼센트나 고평가돼 있었다. 유럽 단일통화인 유로(22퍼센트)와 영국 파운드(18퍼센트)도 크게 고평가돼 있었다. 아이슬란드 크로나는 123퍼센트나 고평가돼 있어 빅맥 하나를 먹으려면 7.61달러가 필요했다. 노르웨이 크로네도 102퍼센트 고평가돼 있기 때문에 빅맥 하나를 먹는 데 6.88달러나 들었다.

정글경제에서는 –
새처럼 멀리 보라

정글경제 탐험 세 번째 단계에서 우리는 숲 전체를 조망하는 훈련을 했다. 투자의 정글에서 길을 잃었을 때는 먼저 숲을 봐야 한다. 숲 속에 갇혀 있으면 숲을 볼 수 없다. 시야가 막혀 있으면 높은 나무라도 타고 올라 가능한 한 멀리 내다보며 지형을 살펴야 한다.

나무만 보고 숲을 보지 못하면 길을 찾기 어렵다. 유망 종목을 추천하는 증권사 애널리스트들은 대부분 나무만 보는 사람들이다. 유망 부동산을 찍어주는 전문가들도 마찬가지다. 이들의 조언을 들으면 오히려 시야가 좁아질 수 있다.

투자종목 분석을 아무리 정밀하게 하더라도 시장을 크게 보는 형세 판단을 잘못하면 망하는 길로 갈 수 있다. 아무리 좋은 주식이라도 경제와 증시 전체가 가라앉을 때 혼자만 잘나갈 수 없고, 아무리 좋은 아파트라도 부동산 시장 전체가 내리막길일 때는 제값을 받기 어렵다.

시장을 정확히 예측하는 것은 불가능하다. 하지만 예측을 아예 포기하는 것은 어리석은 짓이다. 시장을 예측할 때 오류를 줄이는 첫걸음은 우선 길게, 멀리 보는 것이다. 굳이 정교한 분석기법을 알아야 하는 것은 아니다. 크게 형세를 살필 요량이라면 주먹구구식 셈법만으로도 충분할 수 있다.

투자의 정글에서 길을 잃은 이들에게 가장 유용한 나침반은 수익률이다. 주식수익률, 채권수익률, 부동산수익률을 비교해보면 어느 자산이 얼마나 싼지 비싼지 감을 잡을 수 있다.

주식을 사고팔 타이밍을 잡거나 종목을 고를 때는 늘 주식수익률을 따져봐야 한다. 기업 이익과 주가와 금리 수준을 한꺼번에 비교해보는 이 방법은 보통 사람들이 가장 쉽게 접근할 수 있는 기본적 분석방법이다. 이는 과거주가 흐름과 투자심리만을 보는 기술적 분석의 한계를 뛰어넘는 본질적인 분석방법이다.

물론 주식수익률이라는 나침반을 무조건 신뢰해서는 안 된다. 주식수익률을 나침반으로 활용할 때는 몇 가지 조심할 것들이 있다. 우선 주식수익률(주당순이익/주가)에서 분자인 이익 수치가 얼마나 믿을 만한 것인지 잘 따져봐야 한다.

주식수익률을 구할 때 주당순이익은 지난 1년의 실적치를 쓸 수도 있고 향후 1년의 예상치를 쓰는 경우도 있다. 과거 실적치는 장래의 이익 창출 능력을 반영하는 주가와 따로 놀기 쉽다. 예상치는 실제와 크게 빗나갈 수 있다. 특히 애널리스트들이 말하는 이익 전망치는 늘 지나치게 낙관적인 경우가 많다는 점에 유념할 필요가 있다. 그들은 늘 장밋빛 안경을 끼고 기업 이익을 전망하는 경향이 있다(애널리스트들의 이런 성향에 대해서는 6장에서 더 자세히 알아볼 것이다).

주식수익률과 채권수익률을 바로 비교하기 어려운 측면도 있다. 채권수익률은 채권의 실질수익률과 인플레이션을 더한 것이다. 이에 비해 주식수익률은 그 자체가 온전한 실질수익률이라고 볼 수 있다. 인플레이션에 따라 기업 이익도 자동적으로 늘어날 수 있다고 보는 것이다.

이런 견해에 따르면 채권수익률과 주식수익률을 일대일로 비교해서는 안 된다. 채권수익률에서 인플레이션을 뺀 실질수익률을 구하고, 이를 주식수익률과 비교해야 한다. 이런 것들에 유념하면서 늘 주식수익률을 따져보는 것은 투자의 정글에서 가장 믿음직한 가이드 하나를 얻는 것과 마찬가지다.

늘 주식수익률을 따져본다는 것은 항상 세 가지 질문을 계속한다는 뜻이다. 앞서 본 주식수익률과 채권수익률 그래프를 머릿속에 그리면서 늘 다음과 같은 질문을 해보자.

첫째, 앞으로 인플레이션이 얼마나 높아질 것인가. 그에 따라 채권수익률은 얼마나 높아질 것인가.

둘째, 기업 이익은 늘어날 것인가, 줄어들 것인가.

셋째, 주식수익률(주당순이익/주가)은 채권수익률보다 얼마나 높은 수준인가. 채권수익률에 비해 주식수익률이 지나치게 떨어졌다면 어떻게 해야 다시 오를 것인가. 주당순이익이 늘어날 것인가, 주가가 떨어질 것인가.

부동산투자 때도 늘 수익률을 따져봐야 한다. 수익률을 무시하고 시세차익만 노리는 것은 투기적이라는 점을 잊어서는 안 된다. 집값 움직임만 보는 것은 단순한 기술적 분석에 불과하다. 이보다는 임대소득과 집값과 금리 수준을 함께 보는 수익률 분석이 훨씬 더 훌륭한 분석방법이다.

앞으로 우리나라 부동산시장에도 '수익률 혁명'이 일어날 가능성이 크다. 1990년대 초 한국 주식시장에서 일어났던 이른바 '저PER 혁명'과 같은 사고의 대전환이 이뤄질 수 있다는 이야기다.

'저PER 혁명'이 일어나기 전 주식시장은 외국인 투자자들에게 개방될 때까지만 해도 업종별 주가동조화 현상이 뚜렷했다. 개별 기업의 내재가치보다는 업종에 따라 주가가 동반상승, 동반하락을 거듭했다. 주가가 개별 기업의 수익성에 따라 차별화돼야 한다는 논리는 교과서에서나 찾아볼 수 있었다.

그러나 기업의 내재가치를 중시하는 외국인들의 직접 투자가 시작되면서 변화의 바람이 불었다. 수익성에 비해 주가가 낮은 수준에 머무르고 있던

'저PER주'는 흙 속의 진주였다. 외국인들에게 인기가 많고 PER이 낮은(주식 수익률이 높은) 기업의 주가는 급등했다.

부동산시장에서도 조만간 이 같은 사고의 대전환이 일어날 것이다. 오로지 시세차익만을 겨냥하고 부동산투기에 뛰어들었던 투자자들이 어느 순간부터 수익률을 따지게 될 것이다. 이때 수익률이 극히 낮은 아파트를 갖고 있는 것은 PER이 너무 높은 주식을 들고 있는 것 못지않게 위험하다. 다만 인플레이션이 높아지면 이 같은 수익률 혁명은 미뤄질 수도 있다(인플레이션이 자산시장에 미칠 효과에 대해서는 다음 장에서 더 자세히 알아볼 것이다).

글로벌 투자에 뛰어들 때는 각국의 통화가치 변동에 대비해야 한다. 글로벌 투자자에게 환율에 대한 이해는 필수적이다. 해외 주식이나 부동산에서 나온 이익이 환율 변동으로 2배가 될 수도 있고 반 토막이 될 수도 있다. 간단한 예를 들어보자.

미국의 개인투자자인 이구아나 씨는 2002년 초 유럽 시장에서 10만 유로의 주식을 샀다. 당시 1유로는 0.87달러였다. 이구아나 씨는 당시 8만 7,000달러를 투자한 것이다.

그가 2008년 4월 주식을 팔 때 1유로는 1.59달러였다. 주식값이 6년 동안 제자리걸음을 했다고 해도 이구아나 씨는 82퍼센트의 투자이익을 얻게 된다. 10만 유로의 주식을 팔면 15만 9,000달러를 받기 때문이다.

주식값이 10만 유로에서 5만 4,700유로로 떨어진 경우에도 이구아나 씨는 투자원금을 건질 수 있다(5만 4,700유로×1.59≒8만 7,000달러). 주식값도 오르고 유로화도 올랐다면 이구아나 씨는 동료들에게 꽤 비싼 샴페인을 사야 한다.

이처럼 환율 변동은 투자의 성패를 가르는 결정적인 변수가 될 수 있다.

중국 증시에 투자한 이들은 위안화의 움직임을 잘 살펴야 한다. 중국 위안화 가치는 지나치게 저평가돼 있다는 것이 일반적인 인식이다. 그러나 중국 정부는 점진적으로 위안화 가치 상승을 허용할 것으로 보인다. 그렇게 되면 중국 증시의 주가가 떨어져도 위안화 가치 상승으로 인해 손실이 어느 정도 상쇄될 수 있다. 부동산이나 주식을 사려면 통화가치가 오를 것 같은 나라를 고르는 것이 좋다. 그러나 실컷 관광하고 쇼핑하고 싶으면 통화가치가 저평가된 나라로 가라.

그렇다면 가치가 오를 만한 통화는 어떻게 찾을 수 있을까. 경상수지 흑자를 많이 내고 통화 관리에 절제력을 보이는 나라의 통화는, 적자를 많이 내고 돈을 함부로 푸는 나라의 통화에 비해 가치가 올라간다.

장기적으로 보면 환율은 각국의 상대적인 인플레이션에 따라 달라진다. 어떤 나라의 인플레이션이 심해 그 나라 돈의 구매력이 떨어지면 다른 나라 통화에 비해 상대적으로 가치가 떨어지는 것은 당연하다.

지도보다 지형이 먼저 바뀐다

과거의 추세가 앞으로도 계속될 것으로 믿을 수 없다.
미래는 계속 우리의 손아귀를 빠져나갈 것이다.
우리가 예측할 수 있는 것은 이것뿐이다.
이 때문에 역사는 흥미로운지도 모른다.
역사는 정적이지도 않고 아무렇게나 변하지도 않는다.
그 둘 사이에 불안정하게 자리 잡고 있다.
마치 모래 더미처럼 극적인 사태가 벌어지기 직전의 태세로.

– 마크 뷰캐넌의 『유비쿼티』 중에서

모두가 억만장자였다. 그리고 거의 모든 백만장자가 굶주렸다.

– 토드 부크홀츠의 『죽은 경제학자의 살아있는 아이디어』 중에서

정글에서 길을 잃은 당신이 갖고 있는 지도는 얼마나 믿을 만한가. 지도가 당신을 안전하고 빠른 길로 안내하는지, 황금의 도시로 인도하는지 점검해봐야 할 것이다. 위험 지역을 피하기 위해 필요한 지도가 역설적으로 당신을 더 큰 위험에 빠트릴 수 있다. 당신이 낡은 지도를 무턱대고 믿을 때 더욱 그렇다.

지도는 지형이 바뀌고 길이 새로 난 다음에야 그릴 수 있다. 정글이 변화무쌍한 만큼 지도는 금세 낡은 것이 되고 만다. 낡은 지도는 차라리 찢어버리는 게 낫다. 그게 올바른 길을 선택하는 데 도움이 될 수도 있다. 우리는 늘 예상치 못한 일이 일어나리라는 것을 예상할 줄 알아야 한다.

소로스처럼 걱정하라

조지 소로스 퀀텀펀드 회장. 그는 한국 투자자들에게 신화적인 존재로 알려져 있다. 파운드화를 공격해 영국 중앙은행을 무릎 꿇게 하고 단숨에 수십억 달러를 벌어들인 그를 금융의 연금술사로 보는 이들도 많다. 여기서 잠시 그의 연금술을 살짝 엿보는 것도 나쁘지 않겠다.

소로스는 인간이 만들어낸 모든 것에 결함이 있다고 본다. 인간이 설계한 금융시장도 예외는 아니다. 인간이 구축한 경제학도 마찬가지다.

소로스는 특히 주류 경제학에 대해 강한 불신을 드러낸다. 그의 말을 직접 들어보자.

> 나는 '효율적 시장'과 '합리적 기대'에 관한 지배적 이론에 대해 잘 알지 못한다고 고백해야겠다. 나는 현실성 없는 그 이론들의 도움 없이도 꽤 잘해온 것 같다. 그래서 한번도 그것들을 배우려고 애쓰지 않았다.

이보다 더 심하게 경제학을 깔아뭉개는 말이 또 있을까. 그는 경제학 교과서에 나오는 '균형'이라는 개념을 집중적으로 공박한다.

균형이라는 개념은 균형을 찾아가는 과정에서 일어나는 모든 혼란을 무시하고 오직 궁극적인 결과에만 초점을 맞춘다. 마치 하나의 추가 아무리 크게 흔들리더라도 그 과정을 다 무시하고, 마침내 진동이 멈춰진 순간에만 주목하는 것과 같다. 소로스는 이런 균형의 개념이 매우 기만적이라고 공격한다.

사실 현실 경제에서 균형 상태는 매우 드물게 나타난다. 시장은 끊임없이 출렁거린다. 그 출렁거림은 때로 성난 파도가 되기도 하고, 무서운 해일이 되기도 한다. 코스피를 보라. 잠시도 정지하는 법이 없다. 하루에 12퍼센트나 곤두박질하기도 하고(2001년 9월 12일), 8.5퍼센트나 치솟기도 한다(1998년 6월 17일).

전통적인 경제학에서는 사람들이 모든 정보를 완벽하게 알 수 있다고 가정한다. 이는 사람들이 뭔가를 자유롭게 선택할 수 있다는 사실을 무시하는 것이다. 사람들은 다른 모든 사람들이 어떤 선택을 하는지 다 알지는 못한다. 헤아릴 수 없이 많은 사람들의 아이디어와 감정, 욕망과 기대를 다 아는 것은 불가능하다. 그러므로 금융시장은 예측할 수 없다.

소로스는 "(시장을) 예측할 수 없다는 것 말고는 아무것도 예측할 수 없다"고 말한다. 이론과 현실 사이에 벌어진 틈이 클수록 금융의 연금술이 마술과 같은 힘을 발휘할 수 있다. 소로스는 이 틈을 노렸고, 성공했다.

인간은 완벽과 영원, 불멸, 궁극적 진실을 갈구한다. 하지만 현실은 이런 것들과 거리가 멀다. 소로스는 모든 것에서 결함을 찾아내려고 애쓴다. 결함을 찾아내면 그로부터 이득을 얻을 수 있기 때문이다.

그는 늘 자신의 생각이 시장의 지배적인 견해와 얼마나 차이가 있는지를 따져본다. 또한 늘 자신의 실수와 잘못을 찾아내려 한다. 과감한 베팅을 하면서도 자기의 논리가 틀렸음을 보여주는 증거를 끊임없이 찾는다. 잘못을 발견하면 재빨리 손을 써 이익을 실현하거나 손실이 더 이상 커지지 않도록 한다.

소로스는 "대부분의 사람들이 스스로 틀렸다는 것을 인정하기 싫어하지만 나는 잘못을 발견하면 기쁘다"고 말한다. 실수를 발견하면 큰 손실을 볼 위험에서 스스로를 구할 수 있기 때문이다. 투자한 기업이나 산업의 결점을 찾아내는 것도 중요하다. 투자대상의 잠재적인 약점을 알고 있으면 더 안전하다고 느끼게 된다. 그 약점이 언제 투자자산을 팔아야 할지 신호를 주기 때문이다.

당신은 소로스 같은 세계적인 헤지펀드 매니저들에게서 어떤 느낌을 받는가. 헤지펀드 매니저 하면 한칼에 승부를 가르는 사무라이의 차가운 눈매나 찬피동물의 감정 없는 응시를 떠올릴지도 모른다. 헤지펀드 매니저들은 늘 얼음장 같은 냉철함을 유지할 것이라고 생각하기 쉽다.

그러나 소로스는 펀드매니저로서 감정에 크게 의존했다. 이는 스스로 고백한 것이다. 소로스가 헤지펀드를 운용하면서 느끼는 지배적인 감정은 회의와 두려움이었다.

물론 때로는 희망과 행복도 느꼈다. 하지만 이때는 자신이 안전하지 않다고 느꼈다. 그는 걱정거리를 찾아냈을 때 진정으로 기쁨을 느꼈으며 걱정하고 있을 때만 자신이 안전하다고 생각했다. 또한 결코 스스로 성공을 인정하지 않았다. 성공을 인정하면 더 이상 걱정하지 않게 되기 때문이다.

소로스는 헤지펀드를 운용하는 것은 매우 고통스러웠다고 털어놓는다. 투자의 정글에서 앞날을 걱정하면서 고통스러워하는 것은 세계적인 헤지펀드의 큰손이나 당신이나 마찬가지다.

소로스가 인정사정없이 깔아뭉갠 경제이론에 대해 조금 더 생각해보자.

모든 사람들이 모든 정보를 알고, 이를 바탕으로 늘 합리적으로 행동하며, 시장은 언제나 신속히 균형을 찾는다는 전통적인 경제이론은 정글경제의 현실과 잘 맞지 않는다.

이 세상에 가장 합리적인 사람들만 있다는 가정부터 따져보자. 합리적인 사람들은 이랬다저랬다 하지 않고 늘 냉정하게 올바른 판단만 한다. 그러나 실제로 그런 사람들은 많지 않을 것이다. 당신의 주위를 둘러보라. 참으로 납득하기 어려운 행동을 하는 사람들이 얼마나 되는지 세어보라. 모두가 그런 행동을 하고 있을 수도 있다. 그러나 전통적인 경제학에서는 가장 합리적인 사람들만 있다고 가정한다.

경제학자들은 시장이 효율적이라고 본다. 효율적인 시장에서는 공급과 수요가 언제나 완벽하게 맞아떨어지고 가격은 적정한 수준을 벗어나지 않는다. 경제는 언제나 균형 상태로 돌아간다. 심각한 불균형이 생기기 전에 언제나 문제가 자동으로 해결된다. 금융위기 같은 것은 일어나지 않는다.

그러나 현실은 그렇지 않다. 현실의 시장은 경제학자들이 말하는 균형 상태의 근처에도 가지 못하는 경우가 대부분이다. 따라서 균형 상태만을 상정하는 것은 가장 일반적인 상황이 아니라 가장 예외적인 상황만을 생각하는 것이다.

효율적 시장에 대한 가설은 억지에 불과한 것이라는 지적도 많다. 이코노미스트들은 명백히 비합리적인 행동을 합리적으로 설명하려 애쓴다. 투자 전문가들과 경제학자들은 언제나 지나간 일들을 사후적으로 설명하는 데 탁월한 능력을 보여준다. 그러나 앞날을 예측하는 그들의 능력은 탁월하지 않다.

투자의 정글에서는 지나간 일들을 설명하는 것보다 앞으로 나타날 일들을 예측하는 것이 중요하다. 우리의 삶은 역사 속으로 뒷걸음질하는 것이 아니다. 미지의 세계로 나아가는 것이다. 어쨌든 앞날을 내다봐야 하는 당신은 경제학 교과서를 맹신하지도 말고 무시하지도 말아

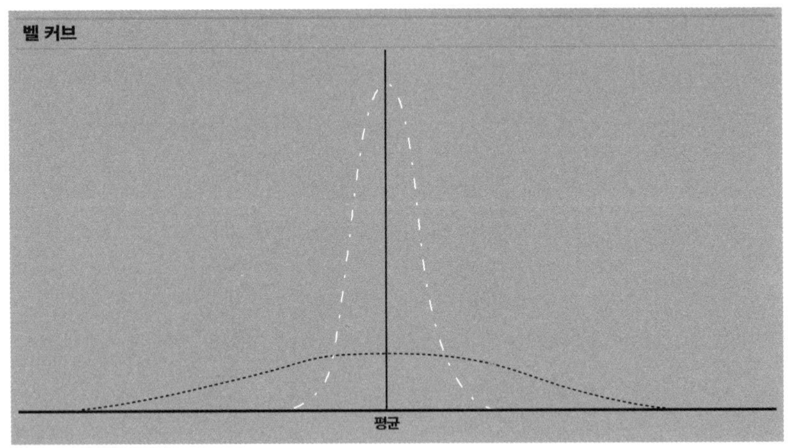

야 한다. 투자의 정글에서 잔뼈가 굵은 전문가들의 경험법칙을 기계적으로 따르지도 말고 가치 없는 것이라고 업신여기지도 말아야 한다.

투자의 정글에서는 낡은 경제이론과 투자기법만을 신봉해서는 안 된다. 낡은 이론의 틀 안에서는 상상조차 할 수 없는 일들이 벌어지기 때문이다.

정글에는 돌연변이가 산다

지금 당신이 보고 있는 종 모양의 그래프는 '벨 커브(정규분포곡선)'다. 경제학자들은 벨 커브를 토대로 투자에 필요한 예측 모형을 만들었다. 벨 커브가 투자의 정글에서 일어나는 일들을 제대로 반영하지 못한다면 이를 토대로 만들어진 예측 모형에도 치명적인 오류가 나타날 수 있다.

이 세상에는 벨 커브로 설명할 수 있는 것들이 많다. 그러나 벨 커브로는 도저히 설명하기 어려운 돌연변이도 있다. 이 돌연변이가 나타날 가능성은 매우 낮다. 그러나 한번 나타나면 엄청난 충격을 몰고 올 수 있다. 투자의 정글에서 치명적인 오류는 이 돌연변이가 나타날 가능성을 배제하는 데서 비롯된다.

그렇다면 벨 커브로 설명할 수 있는 것과 없는 것이 어떤 것들인지 알아보자. 당신 친구들의 키를 예로 들어보겠다. 당신이 한국의 젊은 남자라면 친구들의 평균 키는 170센티미터 안팎일 것이다. 평균 주위에 가장 많은 사람들이 몰려 있고, 150센티미터나 190센티미터 가까이 갈수록 수가 급속히 줄어들 것이다. 친구들의 숫자가 많을수록 그들 키의 분포곡선은 전형적인 종 모양이 될 것이다.

아무리 키가 작다 해도 평균 키의 절반도 안 되는 이들은 없을 것이다. 그리고 아무리 키가 커도 평균 키의 2배가 넘지는 않을 것이다. 친구가 수백 명이라면 키다리 농구선수 한 사람이 새로 나타나도 평균에 큰 영향을 주지 못한다.

이번에는 그들의 재산을 보자. 순자산이 마이너스인 사람부터 수십억 원인 사람까지 그야말로 천차만별일 것이다. 당신에게는 재산이 몇천억 원이나 몇 십조 원에 이르는 특별한 친구가 있을 수도 있다. 이 경우 다른 모든 친구들의 재산을 모두 합해도 그 특별한 친구의 재산에 비하면 새 발의 피다.

당신의 친구 100명 중 99명이 10억 원의 재산을 갖고 있지만, 딱 한 사람 카멜레온 씨만 10조 원을 갖고 있다고 하자. 다른 친구들 평균 재산의 1만 배를 혼자 갖고 있는 것이다. 이 경우 100명의 평균 재산은 1,000억 원이 넘는다. 카멜레온 씨가 전체 평균에 절대적인 영향을 미치는 것이다.

2008년 2월 11일 주가를 기준으로 할 때 세계 최고 부자는 워렌 버핏 버크셔헤서웨이 회장이다. 포브스는 그의 재산을 620억 달러로 추정했다. 달러당 1,000원으로 환산하면 62조 원에 이른다. 당신이 한국에서 소득 상위 20퍼센트 안에 들어도 당신의 재산은 세계 최고 부자에 비하면 11만분의 1 안팎에 불과하다(우리나라에서 연간 소득 상위 20퍼센트에 드는 이들의 2006년 5월 기준 순자산은 평균 5억 1,913만 원이다).

워렌 버핏의 재산은 한 해 전에 비해 100억 달러나 늘었다. 마이크로소프트사를 창업한 빌 게이츠(600억 달러)는 지난 13년 연속 세계 최고 부자 자리를 지켰으나 이번에는 3위로 밀렸다. 2위는 멕시코의 통신 재벌 카를로스 슬림 일가(600억 달러)가 차지했다. 그들의 재산은 지난 2년 새 2배로 늘었다.

정몽구 현대기아자동차 회장과 정몽준 의원(현대중공업 대주주)은 각각 28억 달러(공동 412위), 이건희 전 삼성 회장과 이명희 신세계 회장은 각각 20억 달러(공동 605위)의 재산을 가진 것으로 평가됐다(이건희 전 회장의 차명 재산은 조사에서 빠졌다).

전 재산이 1달러밖에 안 되는 아프리카 어느 마을 원주민에 비하면 워렌 버핏은 620억 배나 큰 부자다. 이처럼 엄청난 편차를 보이는 부의 분포에서 평균이나 벨 커브는 아무 의미가 없다.

이처럼 매끈한 벨 커브로 설명할 수 없는 일들은 수없이 많다. 정규분포곡선은 정글 속 동물이 웅크리고 있는 것처럼 보인다. 한쪽 꼬리를 쭉 잡아당기면 '긴 꼬리'가 되고, 그 꼬리가 뚱뚱해지면 '살찐 꼬리'가 된다. 모두 전형적인 벨 커브로 설명할 수 없는 일들을 묘사하는 말들이다.

벨 커브로 설명할 수 없는 일들이 많은 투자의 정글에서는 '정규분포'니 '평균'이니 '표준편차'니 하는 말을 들을 때 특히 조심해야 한다. 우리가 무심코 쓰고 있는 '평균'이라는 말이 때로 얼마나 큰 착각을 불러일으키는지 보자.

정글 속에서 마주친 강의 수심이 평균 50센티미터라면 당신은 아무 거정 없이 뛰어들겠는가. 당신은 평균 수심이 무릎 높이밖에 안 된다고 생각하고 주저 없이 뛰어들 수도 있다. 이 경우 당신은 익사할 가능성이 매우 높다.

함정은 '평균'이라는 말에 있다. 강의 수심이 처음부터 끝까지 일정하게 50센티미터일 리는 없다. 강의 가장자리는 수심이 30센티미터밖에 안 되지만 어느 지점에 가면 갑자기 30미터가 넘을 수도 있다. 수심이 갑자기 깊어지고, 물살이 빨라지고, 피라나 같은 육식 물고기 떼가 공격해

올 때 당신은 위기를 맞게 될 것이다. '평균'이라는 말이 당신을 위험으로 이끈 것이다.

당신은 투자의 정글 곳곳에 숨어 있는 이런 함정을 조심해야 한다. 펀드의 평균수익률에도 함정이 있다. 예를 들어 '지난 5년 동안 평균수익률이 20퍼센트였다'고 자랑하는 펀드가 있다고 하자. 5년 동안의 평균수익률은 매우 높다. 하지만 어떤 해에는 수익률이 100퍼센트로 올랐다 다른 해에는 −50퍼센트로 떨어졌다 하며 들쭉날쭉 편차가 심하다면 그 펀드에 투자하는 것은 매우 위험하다.

펀드의 판촉물이나 신문 시세표에서 펀드의 평균수익률만 보고 덥석 투자해서는 안 된다. 반드시 수익률의 변동성을 보여주는 지표를 함께 봐야 한다. 높은 수익률만 보고 높은 리스크는 보지 못하는 순진한 투자자들을 꾀는 펀드회사의 판촉 전략에도 넘어가지 말아야 한다.

이것뿐만이 아니다. 당신은 벨 커브라는 통계적 모델을 바탕으로 만들어낸 리스크관리기법을 맹신해서는 안 된다. 투자의 정글에는 벨 커브에는 잘 나타나지 않는 리스크가 얼마든지 있다. 이런 리스크를 벨 커브를 토대로 만든 모형으로 예측한다는 것은 있을 수 없는 일이다. 이런 모형만 믿고 있다가는 주가가 하루에 22퍼센트나 떨어지는 '블랙 먼데이' 같은 상황에서는 꼼짝없이 당할 수밖에 없다.

투자의 정글에서 길을 잃은 당신이 절박한 심정으로 펼쳐든 지도가 너무 낡은 것이라면 어떻게 될까. 그 지도만 믿고 있다가는 더 위험한 길로 들어설지도 모른다. 전통적인 경제이론과 벨 커브라는 통계적 모형을 바탕으로 한 투자기법들은 언제든지 낡은 지도가 될 수 있다.

당신을 위험에 빠트릴 수 있는 낡은 지도는 또 있다. 당신의 머릿속에서 굳어진 고정관념들이 그것이다. 특히 2000년대 초저금리기에 굳어진 성공투자의 공식들이 위험하다. 초저금리기에 만들어진 투자지도의 가장 큰 문제는 인플레이션에 관한 위험이 제대로 표시돼 있지 않다는 점이다.

소리 없는 도둑, 인플레이션

우리는 한동안 인플레이션을 모르고 살아왔다. 너무 오랫동안 인플레이션 없는 세상에 살다보니 인플레이션이라는 괴물의 존재조차 까마득히 잊어버린 이들도 많을 것이다.

2007년 말부터 다시 인플레이션 위험을 경고하는 목소리가 높아지고 있다. 그러나 투자자들의 고정관념은 하루아침에 바뀌지 않는다. 인플레이션이라는 괴물이 길길이 날뛴 다음에야 바뀔 것이다. 정글에서 지형이 바뀐 다음에야 지도가 바뀌는 것과 같다.

인플레이션은 도둑이다. 당신의 피 같은 재산을 소리 없이 훔쳐가기 때문이다. 장롱 속에 꼭꼭 숨겨놓은 현금도 훔쳐가고, 은행 통장에 넣어둔 예금도 훔쳐간다. 피땀 흘려 번 돈을 제대로 써보지도 못하고 도둑맞는 것은 얼마나 가슴 아픈 일인가. 물론 현금 다발이 사라지는 것은 아니다. 장롱 속의 돈다발은 고스란히 남아 있다. 예금통장에 찍힌 잔고도 그대로다. 그렇다면 왜 인플레이션을 도둑으로 모는 것일까.

여기서 잠시 지난 10년 동안 한국 경제가 걸어온 길을 돌아보자. 인플레이션의 얄미운 이모저모를 발견할 수 있을 것이다.

지난 10년은 외환위기 직후 10년으로, 정확히 1997년 말부터 2007년 말까지를 말한다. 1997년은 우리나라가 국가부도 위기에 몰렸을 때고, 2007년은 한국이 처음으로 1인당 소득 2만 달러를 달성한 해다.

1997년 말 당신이 현금 1억 원을 침대 밑에 숨겨두었다고 하자. 그 돈다발은 지금도 그대로 남아 있다. 그러나 그 사이 물가는 꾸준히 올랐다. 소비자물가지수는 지난 10년 동안 34퍼센트 상승했다. 한 해 평균 3퍼센트씩 오른 것이다. 소비자물가지수는 우리가 도시에 살면서 먹고, 자고, 입고, 즐기고, 배우면서 소비하는 상품과 서비스 가격이 얼마나 오르내리는지를 보여준다.

소비자물가가 34퍼센트 올랐으니 10년 전에 1만 원으로 살 수 있었던 상품과 서비스는 이제 3,400원을 더 줘야 살 수 있다. 10년 전 1만 원과 지금 1만 3,400원은 구매력이 같다. 지금 1만 원의 구매력은 10년 전 1만 원의 구매력에 비하면 75퍼센트밖에 안 된다(1/1.34=0.75). 구매력이 25퍼센트 떨어진 것이다.

지금 당신의 침대 밑에 있는 1억 원으로 살 수 있는 상품과 서비스의 양은 10년 전 7,500만 원으로 살 수 있었던 것과 같은 양이다. 당신은 가만히 앉아서 사실상 2,500만 원을 잃어버린 것이나 마찬가지다. 이 돈은 인플레이션이 훔쳐간 것이다.

사실 지난 10년 동안의 인플레이션은 인플레이션이랄 것도 없었다. 늘 물가가 너무 빨리 올라 불안했던 우리에게 연평균 3퍼센트에 그친 물가상승은 아무것도 아니었다. 물가는 믿기 어려울 정도로 안정됐다. 인플레이션이라는 도둑이 훔쳐간 돈도 적었다. 그러나 과연 이 말을 믿어도 좋을까.

여기서 잠시 상상의 나래를 펴보자. 우리나라가 한국은행이 발행한 종이돈이 아니라 금화를 쓰는 나라였다면 어땠을까. 이야기를 쉽게 풀기 위해 3.75그램(한 돈)짜리 순금 반지 하나를 금화 한 닢이라고 하자 (베네치아의 상인 샤일록이 그토록 끔찍이 사랑했던 금화는 한 닢이 3.5그램으로 우

리나라 금반지 한 돈과 비슷했
다. 단위가 '두캇'인 이 금화는
13세기 말부터 18세기가 끝날
때까지 유럽 전역에서 통화가
치의 기준이 됐다).

우리나라 금반지값은
지난 10년 새 2.2배가 됐
다. 통계청이 발표하는 품
목별 소비자물가지수 중
금반지 가격지수는 10년
동안 124퍼센트 상승했
다. 금을 진정한 통화, 궁
극적인 통화로 본다면, 다
시 말해 금을 기준으로 다

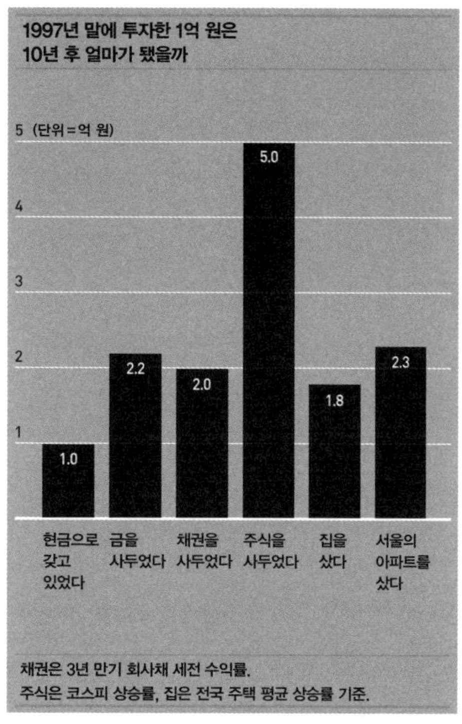

른 모든 상품과 서비스 가격을 따져본다면 지난 10년간은 사실상 디플
레이션이 나타난 시기였다. 물가가 오히려 떨어졌다는 이야기다.

지난 10년 동안 수도비와 난방비를 포함한 주거비는 30퍼센트 올랐
다. 특히 집세는 13퍼센드 오르는 네 그쳤나. 한 해 병균 1.2퍼센트밖에
안 올랐다. 서울의 집세도 19퍼센트 상승에 그쳤다. 연평균 1.7퍼센트
밖에 안 올랐다(당신은 이 통계를 믿을 수 있는가. 집세 상승률이 이토록 낮다면
집을 못 사 안달할 까닭이 없다).

같은 기간 식료품은 51퍼센트, 교육비는 57퍼센트 상승했다. 이 모
든 것들이 124퍼센트나 뛴 금값과 비교하면 상대적으로 값이 떨어진
것이다. 금에 비하면 종이돈의 가치는 추락했다. 금값이 2.2배로 올랐

다는 말은 종이돈의 가치가 10년 전의 45퍼센트 수준으로 떨어졌다는 뜻이다(1/2.2=0.45).

당신이 10년 전 1억 원어치의 금반지를 사서 침대 밑에 숨겨두었더라면 지금 그 금반지를 2억 2,400만 원에 팔 수 있다. 이 돈으로 평균 34퍼센트밖에 안 오른 다른 상품과 서비스를 산다면 10년 전 1억 6,700만 원으로 살 수 있었던 양만큼 살 수 있다(2.24/1.34=1.67).

지난 10년 동안 1억 원어치의 주식을 보유하고 있었다면 어떻게 됐을지 생각해보자. 당신은 금을 갖고 있는 사람보다 훨씬 더 부유해졌을 것이다.

지난 10년 동안 코스피는 5배로 뛰었다. 당신이 1997년 말 1억 원을 증권거래소 상장주식에 골고루 투자해 코스피 상승률과 같은 수익률을 냈다면, 또는 코스피 상승률과 같은 수익률을 내는 인덱스펀드에 들었더라면 10년이 지난 2007년 말 당신은 5억 원을 손에 쥘 수 있었을 것이다. 당신이 1997년 말 1억 원을 회사채에 투자했더라면 10년 후에는 2억 원이 됐을 것이다(세금과 거래비용을 감안하면 실제 수익은 이보다 훨씬 적다).

당신이 서울에 있는 평균적인 아파트를 사두었다면 1억 원은 2억 3,860만 원으로 불었을 것이다. 물론 노른자위에 있는 아파트라면 더 많이 올랐을 테고, 비인기 지역 아파트였다면 덜 올랐을 것이다. 전국 평균 아파트 가격지수 상승률을 적용하면 1억 원은 1억 7,920만 원이 됐을 것이다.

같은 기간 단독주택을 포함한 전체 주택 가격은 전국적으로 평균 44퍼센트 올랐고, 서울에서는 83퍼센트 상승했다. 서울 아파트는 금반지보다 조금 높은 상승률을 기록했다. 금값과 비교하더라도 서울 아파트는 가치보존 수단으로 괜찮았다.

종이돈과 비교하면 더 말할 필요도 없다. 소비자물가지수가 보여주는 상품과 서비스 부문의 인플레이션은 지난 10년 동안 매우 낮은 수준에 머물러 있었지만, 주식과 부동산을 비롯한 자산 부문의 인플레이션은 매우 높은 수준이었다.

인플레이션이 심할수록 종이돈의 가치(구매력)는 크게 떨어진다. 한국은행이 절제 있는 통화정책을 펴지 않고 돈을 지나치게 많이 풀면 인플레이션은 더욱 심해진다. 원유를 비롯한 원자재나 농산물 공급에 문제가 생겨도 인플레이션이 나타난다.

한국은행은 2007~2009년 중 연평균 소비자물가 상승률의 3년 평균치를 3.0±0.5퍼센트 수준에서 안정시키겠다는 목표를 갖고 있다. 소비자물가는 국제 원자재 가격이 급등하는 바람에 2007년 말부터 한국은행의 물가안정 목표를 웃돌기 시작했다.

이제 지난 10년과 같은 저물가 저금리는 기대하기 어렵게 됐다. 인플레이션이라는 소리 없는 도둑은 더욱 두려운 존재가 되고 있다. 지난 10년간 비교적 조용했던 이 도둑이 얼마나 광포한 강도로 돌변할지는 아무도 모른다.

우리는 인플레이션에 대한 몇 가지 고정관념을 갖고 있다. 주식은 인플레이션에 대한 보호(헤지) 기능이 있다는 생각이 그중 대표적이다. 1970년대에 경험했듯이 인플레이션은 주식시장에도 나쁜 영향을 미치는 경우가 많다. 특히 인플레이션이 높아지는 가운데 원자재 가격과 인건비가 올라도 제품 가격을 올릴 수 없는 기업들은 이문(마진)을 줄이는 수밖에 없다.

예를 들어 중국에서 물건을 만들어 미국 시장에 수출하는 기업이 있다고 하자. 중국 내 인플레이션으로 제품의 생산원가는 높아졌지만, 미국 소비자들이 더 비싸진 물건을 살 형편이 못 된다면 이문을 줄여서라도 팔아야 한다.

경제성장이 둔화되면 인플레이션이 낮아질 것이라는 생각도 너무 단순한 생각이다. 1970년대에는 물가는 오르고 성장은 둔화되는 시기였다. 1980년대에는 반대로 높은 경제성장과 낮은 인플레이션이 공존할 수 있음을 보여줬다.

전 세계적으로 심각한 경기침체가 온다면 인플레이션을 잠재울 수 있을 것이다. 그러나 심각한 경기침체가 오지 않는 한 언제나 가장 큰 걱정거리는 바로 인플레이션이다.

정글경제에서는 – 낡은 지도는 찢어버려라

정글경제의 지형은 시시각각 뒤바뀐다. 이런 곳에서 낡은 지도에 의존하는 것은 치명적인 결과를 낳을 수 있다. 엉뚱한 길로 이끌어 위험에 빠트리는 낡은 지도라면 차라리 찢어버리는 것이 낫다.

낯선 지형을 만나도 길을 찾을 수 있으려면 어떤 가능성도 배제하지 않는 열린 자세로 지형을 분석할 줄 알아야 한다. 전통적인 경제이론과 투자모델을 기계적으로 적용하는 것은 위험천만한 일이다. 정글경제에서는 어떤 것도 맹신하지 않는 진정한 회의주의자만이 살아남는다.

우리가 정글경제에서 시간을 의식하게 되는 것은 주로 인플레이션 때문이다. 거울을 보고 세월이 흘렀음을 깨닫게 되는 것처럼 우리가 쓰는 돈의 값어치가 뚝 떨어졌다고 느낄 때 문득 시간의 흐름을 생각하게 되는 것이다.

인플레이션을 정확히 예측할 수 있는 사람은 없다. 정글경제에는 헤아릴 수 없을 만큼 많은 이코노미스트들이 있지만 인플레이션을 정확히 예측하는 사람은 아무도 없다. 그런 사람이 있다면 그는 이미 이코노미스트라는 직업을 버렸을 것이다. 벌써 억만장사가 났을 테니까.

정확히 예측할 수 없다고 포기할 수는 없다. 한국은행이 금리를 너무 떨어트려 시중에 돈이 지나치게 많이 풀리고, 그에 따라 상품과 서비스에 대한 수요가 늘어나고, 물건값과 인건비가 오르면서 상대적으로 돈의 값어치가 떨어지지는 않는지 늘 관심을 갖고 지켜봐야 한다.

지난 10년 동안에는 상품과 서비스 가격은 안정된 반면 자산가격은 급등했다. 앞으로 10년 동안은 반대로 상품과 서비스 가격은 크게 오르는 데 비해 자산가격은 상대적으로 상승탄력이 떨어질 것이라는 전망이 나오고 있다.

물가가 떨어질 때, 다시 말해 디플레이션이 일어날 때는 채권이 좋다. 채권은 상환 만기가 될 때까지 받을 이자와 만기 때 돌려받을 원금이 이미 확실히 정해져 있다. 디플레이션 때 채권을 가진 이가 받는 원리금은 물가가 떨어져 구매력이 커진 돈이다. 이런 때는 이자가 없는 현금을 갖고 있어도 구매력을 키울 수 있다. 시간이 지날수록 같은 돈으로 더 많은 물건을 살 수 있게 된다.

하지만 지금 우리는 디플레이션이 아니라 인플레이션을 걱정해야 한다. 인플레이션 때 이자소득이 고정된 채권을 갖고 있으면 매우 불리하다. 그나마 상대적으로 안전한 투자대상은 물가연동형 상품이다. 인플레이션이 걱정된다면 물가연동채권을 사는 것을 생각해볼 만하다.

정부가 발행하는 물가연동채권은 지급 불능 위험이 없다. 또 소비자물가만큼 자동적으로 원금이 증가하기 때문에 인플레이션에 대한 안전장치가 된다. 한 해 소비자물가 상승률이 4퍼센트라면 1만 원짜리 물가연동채권의 1년 후 원금은 1만 400원이 된다. 이듬해 물가상승률이 5퍼센트로 높아졌다면 그해 말 이 채권의 원금은 1만 920원이 된다(1.04×1.05=1.092). 반대로 물가가 떨어지면 이 채권의 액면금액은 원금보다 적어진다.

물가연동국채는 물가가 오르는 만큼 원금을 늘려줌으로써 인플레이션의 위험을 막아준다. 하지만 이 채권이 인플레이션에 대한 완벽한 안전장치는 될 수 없다.

앞서 말한 대로 소비자물가는 특정 상품과 서비스의 가격만 반영한다. 소비자물가는 조금밖에 안 올라도 아파트값이나 주식값이 급격하게 오르는 자산 인플레이션이 일어날 수 있다. 외환위기 후 10년과 같은 상황을 생각하면 이해가 쉽다. 이런 상황에서는 물가연동채권에 투자해 불린 돈으로 아파트를 사려고 할 때 예전과 같은 크기의 아파트를 살 수 없다. 물론 같은 기간 자산가격 상승률이 소비자물가 상승률보다 낮다면 이야기가 달라진다. 이때는 물가연동채권을 샀던 이들의 어깨가 으쓱해질 것이다.

물가연동채권의 수익률이 인플레이션에 대한 보호 장치가 없는 일반 채권 수익률보다 낮은 것은 당연하다. 2008년 6월 2일 10년 만기 물가연동국채의 수익률은 2.7퍼센트로, 10년 만기 일반 국채 5.7퍼센트보다 3퍼센트포인트 낮았다.

물론 두 채권의 수익률을 단순 비교해서는 안 된다. 물가연동국채의 수익률은 실질수익률이지만 일반 국채 수익률은 실질수익률과 물가상승률을 더한 것이다. 결국 물가연동국채와 일반 국채의 수익률 차이를 예상 물가상승률과 비교해 어느 쪽이 유리한지를 판단해야 한다.

물가가 올라 돈의 값어치가 떨어질 때는 땅이나 아파트나 금과 같은 실물자산을 갖고 있는 것이 실질적인 가치를 보존하는 데 유리할 때가 많다. 간단한 예를 하나 들어보자.

5년 전 3억 원 하던 아파트가 6억 원으로 100퍼센트 올랐다고 하자. 아파트값은 지나치게 가파르게 올랐다. 경기가 나빠져 아파트를 사려던 사람들의 벌이가 줄어들면 아파트 매입 수요도 줄어들게 된다. 새로 지은 아파트가 갑자기 쏟아져 나와 수요에 비해 공급이 많아지면서 값이 떨어질 수도 있다.

이에 따라 아파트값이 30퍼센트 떨어졌다고 하자. 아파트의 수요가 줄어들거나 공급이 늘어 실질가격이 고점 대비 70퍼센트 수준으로 떨어졌다는 이야기다. 인플레이션은 실질가격이 떨어진 이 아파트의 명목가격을 올려준다.

물가가 연 4퍼센트씩 오르고 이 아파트의 명목가격이 물가상승률만큼 오른다고 하자. 이 아파트의 명목가격은 9년 만에 당초 수준을 회복할 수 있다

$[(0.7)(1.04)^9=0.99 \fallingdotseq 1]$. 물가가 해마다 5퍼센트씩 오르면 7년 만에, 10퍼센트씩 오르면 4년 만에 회복할 수 있다$[(0.7)(1.05)^7=0.98 \fallingdotseq 1, (0.7)(1.1)^4=1.02 \fallingdotseq 1]$. 인플레이션 기대심리로 가수요가 생기면 아파트값은 더 빠르게 오를 수도 있다.

장기적으로 보면 인플레이션 때 부동산이 유리한 것은 맞지만, 부동산 가격이 이미 크게 오른 뒤라면 반드시 그렇다고 할 수도 없다. 인플레이션이 심각하다는 TV 뉴스를 듣자마자 당장 부동산을 사야겠다고 생각하는 것은 너무 단순하고 기계적인 대응이다. 수요 위축에 따른 실질가격 하락과 인플레이션에 따른 명목가격 상승효과 중 어느 쪽이 더 클지를 잘 따져봐야 한다. 또한 부동산의 시세차익보다는 수익률을 따져보는 신중한 자세가 필요하다.

인플레이션은 저축자와 채무자를 상대로 몇 가지 마술을 부릴 수 있다. 인플레이션은 당신의 저축을 소리 없이 훔쳐갈 수 있는데 보통 사람들은 대부분 이 마술에 당한다. 그러나 인플레이션은 당신을 짓누르는 빚의 무게를 덜어줄 수도 있다.

인플레이션이 빚더미를 사라지게 하는 마술을 부린 사례는 역사에서 얼마든지 찾아볼 수 있다. 1차 세계대전 후 독일에서 나타난 인플레이션이 가장 극단적인 사례다. 1923년 독일 사람들은 마르크화의 가치가 몇 년 전에 비해 10억분의 1로 폭락하는 것을 경험했다.

아프가니스탄과 이라크가 전화戰禍를 입었을 때도 통화가치는 폭락했다. 2007년 크리스마스 당시 짐바브웨 국민들은 한 해 전 1짐바브웨달러로 살 수 있었던 물건을 사려면 4만 짐바브웨달러를 내야 했다. 새로 나온 75만 짐바브웨달러짜리 화폐의 가치를 미국 돈으로 따지면 15달러에 지나지 않았다.

이처럼 극단적인 인플레이션이 시작되기 전에 채권을 샀던 사람들은 자신의 피땀 어린 재산이 몽땅 증발해버리는 것을 지켜봐야 했다. 반면 빚을 진 사람들은 자신의 채무가 한꺼번에 사라지는 놀라운 경험을 했다.

빚을 얻어 집을 산 사람은 인플레이션이 올 때 곱절로 횡재를 할 수도 있다. 인플레이션이 실질적인 빚 부담은 덜어주고 집값은 올려주기 때문이다. 빚을 얻어 집을 산 사람들은 인플레이션으로 이득을 얻게 되지만, 원리금이 인플레이션에 연동되지 않는 채권을 산 사람들이나 은행 예금에 든 이들은 그만큼 손실을 보게 된다.

거의 모든 나라가 인플레이션을 겪은 1970년대가 바로 그런 시기였다. 1975년 영국의 인플레이션은 27퍼센트까지 치솟았다. 당시 런던 은행 간 금리(리보)는 인플레이션을 뺀 실질금리로 따지면 마이너스 16.5퍼센트였다. 같은 해 미국 우량채권의 실질수익률은 마이너스 11퍼센트였으며, 국채 실질수익률은 마이너스 3퍼센트였다. 우리나라도 1970년대는 실질금리가 마이너스였음은 물론이다.

이런 상황에서 빚을 얻어 집을 산 사람들은 엄청난 횡재를 했다. 인플레이션으로 집값이 뛴 데다 빚의 실질가치는 크게 줄어들었기 때문이다. 이때는 대출을 받아 실물자산에 투자한 이들이 가장 영리한 사람들이었다. 국채를 산 사람들은 인플레이션으로 구매력이 크게 떨어진 돈을 돌려받았다. 그만큼 억울한 세금을 낸 것이나 마찬가지였다.

이처럼 인플레이션이 높아지면 돈을 빌려 투자한 사람들은 돈을 빌려준 채권자와 저축자들의 부를 빼앗아오는 셈이 된다. 인플레이션의 마술에 대해 잘 몰랐던 1970년대 저축자들은 갑자기 허를 찔린 꼴이 됐다.

그렇다고 빚을 내 부동산을 사놓고 인플레이션이 높아지기만을 기다릴 수는 없는 노릇이다. 세상 모든 일이 이토록 단순하고 쉽다면 무엇이 걱정이겠는가.

지금은 1970년대와 상황이 다르다. 많은 사람들이 인플레이션의 트릭을 알아챌 수 있을 만큼 똑똑해졌다. 1970년대 인플레이션의 악몽을 직접 경험한 이들도 많다. 영리해진 저축자들은 돈을 빌려간 쪽이 인플레이션 때문에 저절로 빚을 탕감받는 꼴을 그냥 지켜보고 있지만은 않을 것이다.

이들은 인플레이션 위험에 상응하는 높은 이자를 요구할 것이다. 이 때문에 금리가 높아지면 이번에는 돈을 빌려야 하는 쪽에서 그만큼 힘들어진다. 인플레이션이 빚 부담을 덜어줄 것이라는 생각만으로 무턱대고 돈을 빌릴 수 없게 되는 것이다.

인플레이션 때문에 빚 부담은 줄고 집값은 올라 곱절로 횡재를 하는 상상만 하는 것은 매우 위험하다. 금리가 올라 이자를 갚느라고 허덕이다 결국 두 손을 들고 마는 경우도 생각해봐야 한다.

인플레이션이 높아지는 시기에 대출을 받아야 한다면 고정금리 대출이 유리하다는 점은 상식이다. 물론 고정금리가 인플레이션 위험을 미리 반영해 매우 높게 책정된 경우 변동금리 대출보다 꼭 유리하다고 할 수는 없다. 금리가 충분히 낮은 수준에서 고정된 경우라면 원리금을 가급적 늦게 상환하도록 대출구조를 설계해야 할 것이다.

기도하고 있을 때 가장 위험하다

인간은 주문呪文으로 기초 금속을 금으로 바꿀 수 없다.
하지만 잘못된 이론이나 자기실현적 예언으로 부자가 되거나
정치적인 힘을 가질 수 있다. 사회, 정치, 경제적 문제에 있어서는
이론이 타당하지 않아도 유효할 수 있다.
연금술은 과학으로서 실패했지만
사회과학은 연금술로서 성공할 수 있다.

— 조지 소로스의 『글로벌 자본주의의 위기』 중에서

하지만 꿈꾸는 것은 싸요. 돈 한 푼 안 들죠.

— 주제 사라마구의 『눈뜬 자들의 도시』 중에서

아마존 정글 부족에는 '샤만'이라는 주술사들이 있다. 이들은 숲 속 식물에서 치료약을 추출할 수 있는 특별한 지식을 갖고 있다. 어떤 샤만은 숲 속 동물들의 신령과 대화하거나 멀리 떨어져 있는 부족 사람들과 대화하기 위해 스스로 최면 상태에 들기도 한다.

믿거나 말거나 당신의 자유다. 그러나 보통 사람이라면 도저히 알아내지 못할 것 같은 일들을 샤만이 척척 알아낼 때 당신은 그들의 능력을 믿게 될 것이다.

정글의 주술사들

역사는 반복된다. 역사에는 일정한 주기가 있다. 주기는 수로 표시한다. 예측의 논리는 수에 담겨 있다. 수는 거짓말을 하지 않는다.

[……]주목할 만한 순환주기로 10진법과 12진법 그리고 60진법을 들 수 있다. 예를 들면 '주글러 사이클'은 평균 10년 주기의 경제순환을, '콘트라티에프 사이클'은 60년 주기의 경제순환을 보여준다. 주식시장을 전망하는 가장 손쉬운 방법으로 세계 경제와 금융시장의 역사적 규칙성을 점검해보는 방법이 있다.

[……]주글러 사이클에 따르면 미국 경제는 10년마다 끝자리에 3이 나오는 해에 최악의 실업난을 겪고, 그 후 5년간은 실업난이 줄어드는

경기 호전을 반복한다. 예를 들어 1993년의 경우와 마찬가지로 2003년에도 최악의 실업률을 기록했고, 1993년부터 5년간 그랬던 것처럼 2003년부터 5년간은 미국 경제가 성장세를 보일 것이라는 파동이론의 관점을 견지하는 이들이 적지 않다.

〔……〕미국 증시와 직접적으로 연동되는 한국 증시의 경우도 2003년에 주식을 사서 2008년까지 보유한 뒤에 파는 식의 거친 투자전략만으로도 충분한 승산이 있다. 종합주가지수가 1963~1968년, 1973~1978년, 1983~1988년에 가파른 상승세를 나타내 세계 경제의 성장 사이클과 일치되면서 투자자들에게 절호의 기회를 안겨주기도 했다.

지난 2006년 한 조찬 강연회에서 들었던 내용 중 일부다. 강연 내용만 보면 증권사의 기술적 분석가나 투자전략 전문가의 이야기 같다. 그러나 이 강연을 한 사람은 역술가였다.

역술가가 사물을 보는 관점이 증권사의 기술적 분석가와 너무나 비슷해 놀랄 정도다. 역사는 순환하는 것이며, 일정한 주기를 갖고 같은 패턴을 반복한다는 관점이다. 역술가와 기술적 분석가의 용어나 표현에서 차이를 발견하기는 어렵다. 복잡한 숫자의 바다에 뛰어들어 파동의 규칙성을 찾아내려고 애쓰는 모습도 똑같다.

지나친 단순화일 수도 있지만 기술적 분석가들은 과거주가 움직임만 보고 주가를 예측한다. 주가 움직임에 주식의 수요공급과 투자심리가 다 반영돼 있다고 보는 것이다. 그 기업이 장사를 잘하고 있는지, 현금 흐름에 문제는 없는지, 세계적인 금융위기가 오고 있는 건 아닌지는 특별히 따지지 않는다.

그들이 주가를 점치는 방법은 참으로 무모하다는 느낌을 준다. 과거

주가의 패턴이 미래에도 똑같이 반복되리라는 보장이 없어 그들의 주가 예측을 믿어도 좋을지 의심하는 투자자들이 많다. 그러나 분석가들이 족집게 도사처럼 주가를 알아맞히면 이런 회의는 눈 녹듯이 사라져버린다. 투자자들은 그들의 신통한 능력에 입을 다물지 못한다.

그들은 과연 주가를 점칠 수 있는 신통력이 있는 것일까. 그런 능력이 있다면 그 능력을 혼자 쓰지 않는 까닭은 무엇일까.

투자의 정글에는 미래를 점치는 일을 직업으로 삼는 이들이 많다. 이들은 때로 놀라울 정도의 예측력을 보여준다. 그러나 그들이 주가를 알아맞힌 것이 예측기술이 뛰어났기 때문인지, 단지 운이 좋았기 때문인지 가리기는 어렵다.

어떤 프로들은 자신의 예측력을 높은 값에 팔기 위해 신비주의 마케팅을 한다. 운이 좋아 연속 홈런이라도 치면 슈퍼스타가 된다. 대중은 그의 능력에 금세 매료된다. 다음 타석에서도 홈런을 칠 것을 믿어 의심치 않는다. 그들은 그가 또 홈런을 칠 것이라는 데 모든 것을 걸고 위험한 내기에 뛰어든다.

주가를 점치는 프로들이 대중을 매료시키는 기술은 여러 가지다. 약간의 트릭을 쓰면 누구나 대단한 예측력이 있는 것처럼 보일 수 있다. 5연타석 홈런과 같은 효과를 낼 수 있는 트릭 하나를 밝혀보자.

오셀롯 씨는 사실 주식의 '주株'자도 모른다. 그러나 그는 예측력 있는 정보지를 만들어 돈을 벌 수 있다. 어떤 트릭을 쓰면 가능할지 생각해보자.

어떻게 하면 3년 내리 주가가 오를지 내릴지 알아맞힐 수 있을까. 8개의 정보지를 내면 된다. 그중 4개는 '올해 주가가 오른다'고 쓰고 다른 4개는 '내린다'고 쓴다. 첫해가 지나면 주가가 오르든 떨어지든 4개는 맞히게 된다.

다음 해에는 그 4개 중 2개는 '오른다', 2개는 '내린다'고 예언한다. 그해가 지나면 2개는 맞히게 된다. 그 다음 해에는 둘 중 하나는 '오른다', 다른 하나는 '내린다'고 점친다. 그해가 지나고 나면 적어도 정보지 하나는 3년 내리 정확히 주가 움직임을 맞히게 된다. 3년 내리 주가 움직임을 알아내다니! 투자자들은 감탄할 것이다. 이쯤 되면 투자자들은 기꺼이 그 정보지를 사 보려 할 것이다.

5년 연속 주가 등락을 알아맞히려면 첫해 32개의 정보지를 돌리기만 하면 된다[32×(0.5)⁵=1]. 그 다음은 앞서 본 것과 똑같다. 5년 내리 주가의 방향을 맞힌 탁월한 예측력에 투자자들은 놀라지 않을 수 없다. 비싼 돈을 주고서라도 기꺼이 그 정보지를 구하려 난리법석일 것이다.

수많은 정보지가 있으면 그중 하나는 감탄할 만한 예측력을 보여준다. 투자자들은 그 예측력에 감동받는다. 그러나 사실 그 정보지의 성공은 예측력보다는 운이 좋았기 때문일 수도 있다. 예측력도 운도 없는 나머지 정보지들은 금세 잊히고 만다.

투자의 정글에서는 하는 일마다 성공을 거두는 놀라운 사람들을 만나게 된다. 수천만 명의 투자자 가운데서는 반드시 그런 슈퍼스타가 나오게 마련이다. 일반 투자자들은 그들의 화려한 언타식 홈런에 넋을 잃는다. 그런 신화적인 존재를 보면서 자신도 그런 부자가 될 수 있다는 꿈을 꾸게 된다.

투자자들은 이름도 없이 사라진 수많은 사람들의 좌절은 눈여겨보지도 기억하지도 않는다. 이처럼 성공신화만 기억하는 투자자들은 결국 성공의 확률을 과대평가하고 실패의 확률은 과소평가하게 된다.

투자의 정글에서 길을 잃은 당신을 유혹하는 책들도 많다. 대박투자의 비법을 너무나 친절하게 알려주는 책들이다. 증권시장과 부동산시장에서 어떤 종목을 사라고 콕 찍어서 알려주는 책들도 넘쳐난다.

자신에 찬 목소리로 분명하게 갈 길을 알려주는 책들에 투자자들은 쉽게 빠져든다. 이런 책의 저자들은 대부분 앞날을 예측하는 데 있어 '대략 맞히는' 길보다는 '정확히 틀리는' 길을 택한다. 그들의 예측이 맞는지 틀리는지는 나중에 가서야 밝혀진다. 지금 당장 중요한 것은 예측이 정확히 맞을 수도 있다는 느낌을 독자들에게 주는 것이다.

투자의 귀재와 도사들은 많다. 그러나 일반 투자자들에게 참으로 유익한 조언을 해줄 수 있는 이들은 많지 않다. 투자의 귀재와 도사들의 가르침은 홍수처럼 넘쳐나지만, 일반 투자자들에게 그다지 도움이 안 되거나 오히려 해악을 끼치는 가르침도 많다. 이들이 쏟아내는 백해무익한 가르침을 무턱대고 믿고 따르는 것은 위험하다.

자기주장을 논리적으로나 경험적으로 뒷받침하지 않은 채 무조건 믿음을 요구하는 이들은 특히 조심해야 한다. '내 말이 곧 길이요, 진리'라고 주장하며 절대적인 권위를 내세우는 도사들의 말은 일단 무시하는 것이 좋다. 그들의 말은 맞는지 틀리는지 알아볼 길이 없다. 검증할 수 없는 주장은 과학이 아닌 종교의 영역이다.

투자의 정글에는 사이비종교가 많다. 많은 도사들이 산 속에서 혼자 정진하다 하산해서 그런지 보통 사람들이 알아듣기 힘든 언어로 이야기한다. 그들의 언어를 해독하느라 많은 시간을 허비할 필요는 없다. 그들의 주장은 대부분 치열한 논쟁을 통해 걸러진 것들이 아니기 때문이다.

대박신화를 이룬 이들의 투자전략을 고스란히 복제하는 것은 아무런 의미가 없다. 복제가 이뤄지는 동안 이미 투자 환경이 완전히 달라져 있을 것이기 때문이다.

어떤 도사가 투자종목과 매매 타이밍까지 콕 찍어주는 책을 냈다고 하자. 이를테면 '앞으로 정글전자가 대박을 터트릴 가능성이 크므로 주가가 50만 원대면 무조건 사라'고 찍어주는 것이다.

이 책이 베스트셀러가 돼 100만 명이 읽었다고 하자. 100만 명의 독자들이 모두 그 말을 따라하지는 않을 것이다. 제각기 사정이 다르기 때문이다. 정글전자를 한 주도 안 갖고 있어서 새로 사고 싶은 이, 이미 수만 주를 갖고 있어서 오히려 팔 때를 노리고 있는 이, 투자자산 포트폴리오의 주식 비중이 이미 너무 높아 주식을 더 사면 안 되는 이, 보유 주식 대부분이 정글전자의 주가와 같이 움직이기 때문에 정글전자를 추가하면 포트폴리오의 리스크가 더욱 커진다고 보는 이의 사정이 각기 다르다. 이 책이 이 모든 사정을 다 감안하고 쓰지는 않았을 것이다.

안심하고 사도 좋다고 제시한 가격도 문제다. 정글전자의 주가가 100만 원으로 치솟았다 50만 원대로 떨어지고 있는 상황인지, 10만 원에서 50만 원으로 막 오른 시점인지, 주식시장 전체가 뜨고 있는 상황인지, 가라앉고 있는 상황인지, 정글전자의 이익이 크게 늘어나고 있는데도 주가가 50만 원대에 머무르고 있는 상황인지, 이익이 크게 줄고 있는데도 이 수준에서 버티고 있는 상황인지에 따라 50만 원의 의미는 달라진다.

대박의 가능성에 대한 언급도 마찬가지다. 언젠가 대박을 터트린다면 그게 일주일 후인지, 10년 후인지, 대박을 터트리기 전에 주가가 큰 폭으로 떨어질지, 곧바로 로켓처럼 치솟을지도 알 수 없다. 독자들에게 성공 투자의 비법을 콕 찍어서 가르쳐주려면 이 모든 질문에 답할 수 있어야 한다. 그러나 이 모든 물음에 답하는 것은 신이 아니면 불가능하다.

투자의 정글에서는 순전히 운으로 슈퍼스타가 되는 이들이 많다. 그 원리를 이해하기 위해 한 가지 실험을 해보자.

우리나라 경제활동인구 2,400만 명이 각자 10만 원씩 걸고 하는 게임이 있다고 하자. 각자 100원짜리 동전을 던져 이순신 장군의 얼굴이 나오면 이기는 게임이다. 진 사람은 가진 돈을 모두 이긴 사람에게 넘겨줘야 한다. 게임은 매일 한 차례 진행한다.

게임 첫날에는 전체의 절반인 1,200만 명이 이기게 될 것이다. 이순신 장군이 나올 확률이 2분의 1(0.5)이기 때문이다. 이들은 진 사람들에게 10만 원씩 받아 각자 20만 원씩 갖게 될 것이다. 다음 날에는 또 절반인 600만 명이 이기고 각자의 재산은 40만 원이 된다. 그 다음 날에 또 이긴 300만 명은 각자 80만 원을 갖게 된다.

이런 식으로 20일 동안 게임을 진행했다고 하자. 20일 내리 이긴 사람은 몇 명이고 또 이들의 재산은 얼마가 될까.

20일 내리 승승장구한 사람은 23명쯤 된다[2,400만 명×$(0.5)^{20}$=22.8명]. 매일 재산을 2배로 불린 이들은 20일 후 각자 1,048억 원의 재산을 갖게 된다[10만 원×$(2)^{20}$=1,048억 5,760만 원].

이들은 억세게 운이 좋았다. 그러나 이들 중 누군가는 단지 운이 좋았기 때문이 아니라 게임을 하는 기술이 좋았기 때문에 많은 돈을 벌었다고 주장할 수도 있다. 남들이 도저히 알아낼 수 없는 비법을 갖고 있기 때문에 동전을 던지는 족족 이순신 장군이 나오게 할 수 있다고 주장하는 것이다.

그는 언론의 집중 조명을 받게 될 것이다. 그의 이름 앞에는 '투자의 귀재'라는 수식어가 붙어다닐 것이다. 그의 투자 비법을 따라하려는 대중을 위한 책도 쏟아져 나올 것이다. 그가 30대라고 하자(사실 이런 게임이라면 다섯 살짜리 어린이도 억세게 운 좋은 23명에 끼지 말란 법이 없다). 그가 쓴 책 제목은 '30대에 1,000억 원 모으는 법'이 될 것이다. 투자자들은 그를 따라하면 자기도 30대에 1,000억 원을 모을 수 있을 것이라는 희망을 갖게 된다.

이는 물론 블랙 코미디다. 정글의 게임은 이처럼 단순하지 않다. 필자는 슈퍼스타들의 성공이 전적으로 운이 좋았기 때문이라고 주장하지는 않는다. 그러나 전적으로 그들의 실력이나 기술 때문이라고 믿지도 않는다.

필자가 말하고 싶은 것은 단지 투자의 귀재들이 알려주는 대박투자의 비법을 과신하지 말라는 것이다. 투자의 정글에 사는 주술사들에게 홀리면 안 된다.

장기투자는 안전하다는 유혹

장기투자는 무조건 안전하다는 믿음은 투자의 정글에 가장 널리 퍼져 있는 미신 중 하나다. 지금부터 그 미신을 깨트려보자.

우선 주식투자의 가장 유명한 전도사 중 한 사람인 제레미 시겔 미국 와튼스쿨 교수의 주장을 들이보자. 시겔은 장기직으로 보면 주식투자가 가장 안정적인 고수익을 낸다고 믿는다. 2007년 서울에서 열린 한 컨퍼런스에서 그는 자신의 믿음을 실증하는 자료를 보여주었다.

시겔의 자료에 따르면 1802년부터 2007년 6월 말까지 2세기 동안 주식의 연평균 실질투자수익률은 6.8퍼센트였다. 2차 세계대전이 끝난 후(1946년~2007년 6월) 주식투자수익률은 연 7퍼센트에 달했다. 복리의 힘을 생각하면 이는 대단한 수익률이다. 1802년 초 주식에 투자한 1달러는 206년 동안 해마다 6.8퍼센트씩 불어나 2007년 말에는 77만 달러 가까운 돈이 된다[1달러×(1.068)^{206}=76만 8,560달러].

1946년 초에 태어난 아이에게 선물한 1만 달러가 매년 7퍼센트씩 복리로 불어난다고 하자. 그 아이가 환갑을 넘긴 2007년 말 이 돈은 66만 달러가 넘는다[1만 달러×(1.07)^{62}=66만 3,428달러].

'주식으로 저축하라'는 말은 장기투자가 이처럼 놀라운 성과를 낸다는 믿음을 반영하는 것이다. 하지만 주식에 돈을 묻어놓고 마냥 기다리는 전략이 반드시 성공한다고 믿는 것은 어리석은 일이다.

시겔 교수가 제시한 자료만 봐도 알 수 있다. 운이 좋아 1981년부터 1999년까지 주식을 보유한 이들은 연평균 13.6퍼센트의 수익률을 올렸을 것이다. 반면 1966년부터 1981년까지 주식을 갖고 있었다면 주식 가치가 연평균 0.4퍼센트씩 떨어지는 아픔을 겪었을 것이다.

한국의 경우 주가는 1980년대 후반부터 20년간 긴 터널 안에 갇혀 있었다. 꾸준히 오르는 추세를 보이지 않고 일정한 범위 내에서 큰 폭으로 올랐다 큰 폭으로 떨어지기를 반복한 것이다. 장기투자자들에게는 참으로 기나긴 인고의 세월이었다.

시겔 교수는 주식에 장기 투자하면 위험이 크게 줄어든다고 주장한다. 그는 이런 믿음을 뒷받침하는 통계를 제시했다. 1802년부터 2007년까지 주식 보유기간별로 최고수익률과 최저수익률의 편차를 조사한 것이다.

조사 결과 주식을 1년간 단기 보유할 경우 수익률은 최고 66.6퍼센트, 최저 −38.6퍼센트로 엄청난 편차를 보였다. 하지만 보유기간을 10년으로 늘리면 최고(16.9퍼센트)와 최저(−4.1퍼센트) 수익률 편차는 크게 줄어든다. 보유기간을 30년으로 확장하면 최고(10.6퍼센트)와 최저(2.6퍼센트)의 편차는 미미해진다. 적어도 겉보기에는 그렇다.

시겔이 보여준 것처럼 투자기간이 길수록 투자수익률의 변동성은 줄어든다. 그러나 이는 어디까지나 변동성을 비율(%)로 표시할 때 그렇다는 이야기다. 투자수익의 절대금액으로 따져보면 변동폭은 오히려 커진다.

동전 던지기를 통해 그 원리를 이해할 수 있다. 동전을 10번 던졌을 때 앞면은 전체의 50퍼센트인 5번 나올 수 있다. 하지만 실제로 정확히 5번이 나오지 않을 수도 있다. 극단적인 경우 10번 다 앞면이 나올 수도 있고 한 번도 안 나올 수도 있다. 이는 기대치에 비해 100퍼센트나 많거나 적은 수치다.

그러나 동전 던지기가 늘어날수록 이 편차는 크게 줄어든다. 1,000번을 던졌다고 치자. 이 경우도 전체의 50퍼센트인 500번은 앞면이 나올 것으로 기대된다. 1,000번 던져서 모두 앞면이 나올 것으로 기대하는 사람은 없을 것이다(그 확률은 0.5의 1,000제곱이다). 1,000번을 다 던졌을 때 최종적으로 결과가 정확히 500번이 아니더라도 이에 매우 근접

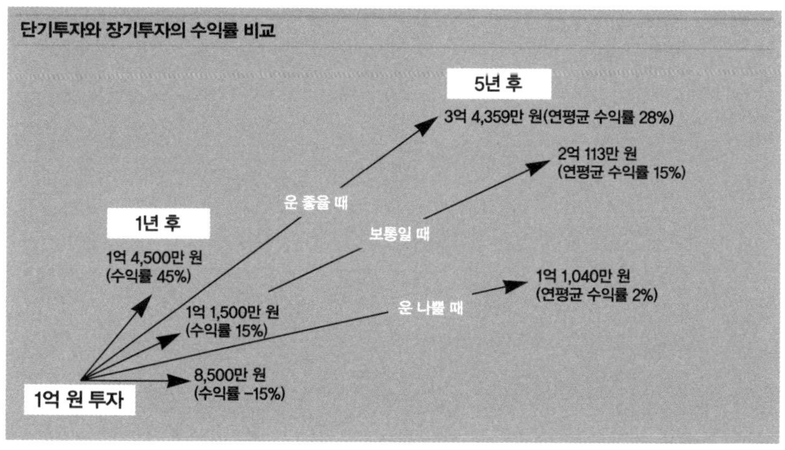

한 결과가 나올 것이다.

그러나 마지막 시점에서 결과가 기대치에 비해 1퍼센트만 벗어나면 기대치보다 5번이나 많거나 적게 된다. 편차가 10퍼센트라면 기대치보다 50번이나 많거나 적게 된다. 동전을 10번 던져서 10번 모두 앞면이 나오는 극단적인 경우에도 기대치(5번)에 대한 편차는 5번에 불과하다.

이에 비해 1,000번을 던지면 기대치(500번)에 비해 10퍼센트만 벗어나도 편차는 50번이나 된다.

이는 편차를 비율로 나타낼 때와 절대수치로 나타낼 때의 차이를 보여주기 위한 것이다. 주식투자의 경우 동전 던지기처럼 단순한 것은 물론 아니다.

이번에는 주식투자의 경우를 살펴보자.

재규어 씨가 주식에 투자한 1억 원이 1년 후 15퍼센트(1,500만 원)의 차익을 낼 것으로 기대된다고 하자. 다시 말해 주식평가액은 1년 후 1억 1,500만 원이 될 것으로 기대할 수 있다.

그러나 1년이 지난 후 실제 주식값은 이 기대치에 비해 30퍼센트포인트(3,000만 원) 높거나 낮을 수도 있을 것으로 예상된다. 운이 좋으면 1억 4,500만 원이 될 수도 있고, 운이 나쁘면 8,500만 원이 될 수도 있는 것이다. 운이 가장 좋았을 때와 가장 나빴을 때의 편차가 60퍼센트포인트(6,000만 원)나 된다.

5년 동안 장기 투자하는 경우, 해마다 15퍼센트의 수익률을 올린다면 5년 후 주식평가액은 2억 113만 원이 된다[(1.15)⁵=2.0113]. 투자기간이 길어짐에 따라 수익률 편차는 연평균 ±13퍼센트포인트로 줄었다고 하자. 이는 투자기간이 1년일 때의 편차 ±30퍼센트포인트의 절반도 안 되는 수준이다.

재규어 씨에게 투자조언을 하는 증권 거래인은 주가의 변동성이 ± 30퍼센트포인트에서 ±13퍼센트포인트로 줄어들었으니 투자위험도 크게 줄었다고 강조했다. 그러나 그의 말을 그대로 믿어도 좋을지는 좀 더 꼼꼼히 따져봐야 한다.

운이 매우 좋아서 해마다 당초 기대한 것보다 13퍼센트포인트씩 높은 수익률을 거둔다면 5년 후 주식가치는 3억 4,359만 원으로 불어난다[$(1.15+0.13)^5=3.4359$]. 그러나 운이 아주 나빠서 해마다 당초 기대한 것보다 13퍼센트포인트씩 낮은 수익률을 올리게 된다면 5년 후 주식가치는 1억 1,040만 원에 불과할 것이다[$(1.15-0.13)^5=1.1040$].

±30퍼센트포인트에서 ±13퍼센트포인트로 줄어든 것은 연평균 수익률 편차다. 전체 투자기간을 놓고 보면 투자기간이 끝나는 시점에서 최고와 최저 수익률 간 격차는 오히려 커졌다. 최고와 최저 수익률 사이의 격차는 투자기간이 1년인 경우 60퍼센트포인트인데 비해 투자기간이 5년인 경우 233퍼센트포인트로 커졌다.

이 격차를 절대금액으로 확인해보면 더욱 놀랍다. 투자기간이 1년일 때 최고와 최저 수익률 사이의 격차는 6,000만 원이지만, 5년일 때는 2억 3,319만 원으로 벌어진다.

복잡한 숫자는 다 잊어버리자. 그러니 한 가지만은 기억해야 한다. 투자기간이 길수록 연평균 수익률 편차는 단기투자 때보다 줄어든다. 그러나 투자기간이 길수록 그 기간이 끝나는 시점의 수익 격차를 절대금액으로 따져보면 오히려 커진다. 단기투자보다 장기투자가 안전하다는 말은 쏙 들어가게 될 것이다. 투자기간이 길수록 운이 좋을 때와 나쁠 때의 투자수익 격차는 천당과 지옥만큼이나 벌어질 수 있다.

장기투자가 무조건 안전하다는 말은 틀린 말이다. 주식은 위험한 투자대상이다. 매우 오랫동안 보유하더라도 그렇다. 특히 은퇴를 앞두고 노년을 준비하는 사람들이 장기투자로 위험을 줄이는 전략을 쓸 때는 조심해야 한다. 실제 수익이 당초 기대치를 조금만 빗나가도 먼 훗날 그 편차를 절대금액으로 따져보면 엄청난 차이가 날 수 있기 때문이다 (은퇴 후를 위한 투자전략은 7장에서 더 자세히 알아볼 것이다).

내 안의 재신

현대 사회는 재신財神의 사회다. 모든 것을 과학으로 풀어내는 시대에도 여전히 신이 존재한다는 것은 놀라운 일이다. 재물의 신은 현대 자본주의 사회를 살아가는 모든 이들의 마음속에 자리 잡고 있다.

재물의 신은 동서고금의 모든 사회에 존재했다. 그리스 신화에는 지하의 부를 인간에게 가져다주는 '플루톤'이 나온다. 플루톤은 명계(지옥)를 다스리는 '하데스'의 다른 이름이다. 기독교에서 재물을 상징하는 '맘몬'은 섬겨서는 안 될 우상이다. 우리 민속에는 '업왕가리'가 있다. 이는 집안의 재복을 관장하는 신이다. 시대가 바뀌고 문화가 달라지면 재신의 이미지와 의미도 달라진다.

이 시대 한국인에게 재신은 어떤 존재이며, 그 신은 어떻게 한국인의 마음을 사로잡는 마력을 지니게 됐을까. 자본주의 사회에서 물질적 성공의 표상들은 모두 재신이 될 수 있다. 특히 보통 사람들이 꿈도 꿀 수 없는 엄청난 부를 일군 사람들은 살아있는 재신이 된다. 이 시대의 한국처럼 부자가 되려는 열망이 강하고 경제 환경이 격변할수록 성공신화도 많이 탄생하게 마련이다.

아프리카 나라들보다 못살던 한국은 불과 반세기 만에 선진국 문턱에 이르렀다. 1953년 67달러에 불과했던 1인당 소득은 2007년 2만 45달러를 기록해 54년 만에 30배가 됐다.

한국 경제의 초고속 성장은 그 자체가 신화였다. 그 큰 신화가 아우르는 작은 신화들은 헤아릴 수도 없이 많다. 신화의 주인공들은 각양각색이다. 그들은 모두 저마다 다른 언어로 '나를 믿고 따르라, 부자가 되리라'고 속삭인다. 그들의 복음을 전하는 책들도 쏟아져 나온다. 모두 성공투자의 신화와 전설을 기록한 책들이다. 이 책에는 재신과 그 사도들의 예언과 주문이 담겨 있다.

재신의 교리와 계율을 전파하는 사도들이 신도들을 미혹에 빠지게 하는 경우도 많다. 대부분의 신도들은 그들의 가식과 위선을 보지 못하고 그들을 맹신하게 된다. 한국인들은 이들의 유혹에 쉽게 빠진다. 무엇보다 한국 사회가 급격한 변화의 소용돌이 속에서 끊임없이 성공 신화를 만들어내면서 누구나 그 신화의 주인공이 될 수 있다는 믿음을 불어넣고 있기 때문이다. 기적 같은 행운을 바라는 이들은 신을 믿게 된다.

한국 사회를 지배하는 불안과 조급증도 한몫했다. 사회적 안전망을 잘 갖춘 선진국과 달리 한국에서는 국가가 개인의 경제적 안전을 보장하지 않는다. 그래서 부자가 되려는 열망과 경쟁이 더욱 뜨겁다. 조금이라도 빨리 부를 쌓아 나와 내 가족의 안전을 확보해야 한다는 조급함이 사회를 지배하는 것이다. 그러나 결과는 늘 불확실하다. 불확실한 미래에 대한 두려움이 클수록 인간은 신을 찾게 된다.

투자의 정글에 숨어 있는 온갖 리스크에 대해 공포를 느끼는 대중은 신을 갈구하며 간절히 기도하게 된다. 개인들이 안아야 할 리스크가 크고 복잡해질수록 신탁에 의지하려는 이들이 늘어난다.

이제 노동을 팔아야 하는 이들은 전 세계의 노동자들과 경쟁해야 한다. 예상하지 못한 기술 변화의 충격으로 하루아침에 실업자가 될 수도 있다. 안정된 삶을 보장하는 평생직장이나 직업은 없다.

증권이나 부동산에 투자하는 이들은 전 세계 자본시장의 파도에 몸을 맡겨야 한다. 한번도 가보지 않았던 먼 바다를 항해하는 것과 같은 리스크를 감수해야 한다. 파도가 높을수록 더욱 절박한 심정으로 기도하게 된다.

우리나라 자본시장에서 보통 사람들이 투자다운 투자를 해본 경험은 20여 년에 불과하다. 역사가 짧은 만큼 게임의 룰도 허술하다. 투자문화도 어설프다. 돌발적인 변수와 정책의 변덕으로 큰 부자가 나기도 하고 하루아침에 깡통계좌를 갖게 되는 경우도 많았다. 자본시장이 개방되면서 시장의 변화는 더욱 격렬해졌다. 예측은 더욱 크게 빗나가기 일쑤다. 그럴수록 과학보다는 미신이 시장을 지배하게 된다.

당신의 마음속에 자리 잡고 있는 재신은 어떤 존재인가. 기적 같은 행운을 가져다주는 신인가, 불확실한 미래에 대한 불안과 두려움을 씻어주는 신인가, 아니면 과학의 영역을 벗어난 리스크와 마주했을 때 공포감을 떨쳐버리기 위해 본능적으로 찾게 되는 신인가.

그 신은 얼마나 큰 존재인가. 당신은 그 신을 믿고 더욱 용감해졌는가 아니면 더욱 무모해졌는가. 당신은 당신 자신의 생각보다는 누군가의 신탁을 더 믿고 따르는가. 혹시 자신의 운명을 오로지 신에게 맡기고 있지는 않은가.

정글경제에서는 –
기도 대신 의심하라

　정글 안에는 주술사들이 있다. 주술사들은 우리가 보지 못하는 것을 꿰뚫어보기도 하고, 마음의 병이나 육신의 병을 치료하기도 한다. 그러나 그들이 과연 그런 능력을 갖고 있는지, 그런 능력이 있다고 주장만 하는 것은 아닌지 의심해봐야 한다. 그들의 신비로운 주술에 의지하고 싶어 하는 우리가 단지 그렇게 믿고 있는 것일 수도 있으니까.

　인간은 온갖 마술과 간절한 기도로 자연을 움직이려 한다. 기도가 간절할수록 더욱 깊이 주술에 빠져들 수 있다. 투자의 정글에서 나쁜 주술에 빠지면 절망의 베팅을 계속하거나 순교하듯 투기에 몸을 내맡기기도 한다.

　투자의 정글에는 연금술사도 있다. 이들은 값싼 쇠붙이나 화학 약품으로 변치 않는 금을 만들 수 있다고 주장하는 사람들이다. 당신은 그들의 주술과 연금술에 늘 회의적인 자세를 견지해야 한다. 당신이 통제할 수 없는 위험을 사라지게 해달라고 기도만 하고 있어서는 안 된다. 당신이 눈을 감고 기도하고 있는 때가 가장 위험한 순간이 될 수도 있다.

　그렇다면 당신이 늘 의심해봐야 할 재신이 가르침이 무엇인지 살펴보자. 가장 먼저 의심해봐야 할 것은 ‘장기투자는 무조건 안전하다’는 가르침이다. 우리는 앞에서 장기투자가 오히려 더 위험할 수도 있음을 보았다. 투자 기간이 길수록 안전하다는 교리를 맹신해서는 안 된다.

　이 문제에 대해 당신에게 투자 가이드를 해주는 전문가에게 물어보라. 미련한 전문가는 이렇게 이야기할 수도 있다.

"사모님, 눈 딱 감고 주식에 돈을 묻어두세요. 주식을 충분히 장기간 보유하면 절대로 손실이 날 수 없습니다. 어쩌다 손실을 보는 해도 있 겠지만 이익이 나는 해가 더 많을 것입니다. 손실이 난다고 성급히 팔 지 말고 참고 기다리면 언젠가 분명히 큰 이익을 낼 수 있습니다. 단기 적으로 보면 수익률이 크게 오르내려 매우 위험해 보일 것입니다. 하 지만 길게 보면 안정적인 상승세를 탈 것으로 기대해도 좋습니다."

당신은 이 이야기를 듣고 확신 없는 표정을 짓는다. 그러면 그는 당신을 설득하기 위해 조금 더 현학적인 이야기를 꺼낼 것이다.

"이렇게 어려운 용어를 써서 죄송합니다만, 제 말을 믿지 않으시는 것 같아 보충 설명을 해드리겠습니다. 주식투자의 위험은 기대수익률 의 표준편차로 나타낼 수 있지요. 투자기간이 여러 해로 늘어날수록 기대수익률의 표준편차가 낮아진다는 것을 이론적으로 증명할 수 있 습니다. 1년 안에 만족할 만한 이익을 못 내면 5년을 기다리고, 그래도 못 내면 10년을 기다리면 됩니다."

당신은 그의 말을 다 이해할 필요가 없다. 그의 말이 맞지 않기 때문이다. 당신은 그에게 예의 바르게 감사를 표시하고 조용히 자리를 뜨면 그만이다.

혹시 시간이 나면 당신은 그에게 '오마하의 현인'으로 불리는 워렌 버핏 이 한 이야기를 참고로 들려줄 수 있을 것이다. 버크셔헤서웨이 회장인 버핏 은 2008년 봄, 이 회사 주주들에게 보낸 편지에서 이런 이야기를 했다.

"지난 20세기 다우지수는 66포인트에서 1만 1497포인트로 올랐다.

엄청나게 오른 것 같다. 하지만 연평균 상승률은 5.3퍼센트에 불과하다. 〔……〕금세기를 생각해보자. 주가가 해마다 5.3퍼센트만 오른다고 해도 2099년 12월 31일 다우지수는 200만 포인트 가까운 수준이 된다. 〔……〕주식투자에서 연 10퍼센트의 수익(연 2퍼센트의 배당과 8퍼센트의 주가 상승)을 기대하는 투자자들은 다우지수가 2100년 2400만 포인트 수준이 될 것으로 예상하고 있는 셈이다."

버핏이 한 이야기는 두 자릿수 수익률이 계속될 것이라는 기대는 그만큼 비현실적이라는 뜻이다.

한국 시장에서도 같은 이야기를 할 수 있다. 코스피는 1977년 말(137포인트)부터 2007년 말(1897포인트)까지 30년 동안 한 해 평균 9.1퍼센트씩 올랐다. 앞으로 30년 동안에도 지난 30년과 같은 주가 상승률이 유지된다면 2037년 말 코스피는 2만 6000포인트 가까운 수준이 된다[1897 × (1.091)^{30}=2만 5870]. 연평균 10퍼센트의 수익률을 기대하는 이들은 30년 후 코스피가 3만 3000포인트를 넘을 것으로 예상하고 있는 셈이다.

두 번째로 의심해봐야 할 것은 '투자시점을 여러 기간에 분산하면 절대 위험하지 않다'는 가르침이다. 적립식펀드는 무조건 안전하다는 믿음도 이런 가르침에 따른 것이다.

당신에게 투자조언을 해주는 다른 전문가는 이렇게 이야기할 것이다.

"선생님, 주식투자에 따르는 리스크를 확실히 줄일 수 있는 방법이 있습니다. 요즘 인기가 많은 적립식펀드에 가입하는 것입니다. 물론 주가는 오를 때도 있고 떨어질 때도 있습니다. 하지만 매월 일정액을 적립하는 펀드에 들면 타이밍을 잘못 잡아 손실을 볼 위험이 거의 없

습니다. 주가가 오르면 이 펀드가 이미 사놓았던 주식의 가치가 올라
서 좋고, 주가가 떨어지면 같은 돈으로 더 많은 주식을 살 수 있게 돼
좋습니다."

참으로 솔깃한 이야기다. 적립식펀드는 언제 주식시장에 뛰어들어야 할
지, 언제 빠져나와야 할지 도무지 자신이 없는 이들에게 안성맞춤인 투자방
법일 수 있다. 그러나 반드시 그런 것은 아니다. 주가가 떨어질 때 주식을 늘
리는 것이 반드시 높은 수익률을 낸다고는 할 수 없기 때문이다.

어느 한 종목에 투자하는 경우를 생각해보면 이해가 쉽다. 이미 성장의 동
력을 잃어 대세가 기운 주식에 끊임없이 매입단가를 낮추면서 '물 타기' 하
는 전략은 매우 위험하다. 마찬가지로 주식시장의 대세가 장기침체로 갈 때
적립식펀드에 매월 일정액을 꼬박꼬박 넣는 것이 반드시 좋은 전략이라고
할 수는 없다.

매월 적금 붓듯 일정액을 넣는 적립식펀드가 그 자체로 투자위험을 줄여
주는 것은 아니다. 적립식펀드는 한꺼번에 목돈을 투자할 여력이 없는 이들
이 조금씩 투자를 늘려나가는 수단일 뿐이다.

그 밖에도 투자의 정글에 퍼져 있는 믿음 가운데 의심해봐야 할 것들이 많
다. 그중 중요한 몇 가지만 꼽아보겠다.

첫째, 부동산투자는 결코 패하지 않는다는 믿음이다.

그동안 과잉 유동성과 규제가 부동산 불패신화를 낳았다. 그러나 앞서 살
펴본 것처럼 우리나라 집값은 1991년에 기록한 정점을 다시 회복하는 데 11
년 넘게 걸렸다. 1998년 11월 바닥을 찍은 후 2008년 6월까지 9년 7개월 만
에 서울 아파트값은 3배, 서울 집값은 2.3배로 뛰었다. 그리고 전국 아파트

값은 2.1배, 전국 집값은 1.7배로 올랐다.

이처럼 가파른 집값 상승이 앞으로도 계속 이어지리라는 설득력 있는 근거를 찾을 수 없다면 부동산 불패신화를 믿는 것은 위험하다. 부동산에 대한 실질수요가 줄어들 가능성과 인플레이션에 따라 집값이 부풀려질 가능성을 비교해봐야 한다. 수익률을 따지지 않고 시세차익만을 노리는 투기적 거래는 삼가야 한다.

둘째, 똑똑한 투자자가 늘 게임에서 이길 수 있다는 믿음이다.

언제나 자신보다 더 어리석은 바보를 찾을 수 있다는 믿음은 자만일 뿐이다. 거품 속에서 거품을 볼 수 있는 현명함도 때로 대중의 광기에 묻혀버릴 때가 있다.

셋째, 경제 전체가 성장하면 모두가 승자가 될 수 있다는 믿음이다.

정글경제의 승자들은 요란하지만 패자들은 말이 없다. 그래서 우리는 늘 성공신화만 기억하게 된다. 경제구조 변혁의 소용돌이에 휩쓸려 사라진 패자들은 잘 보지 못한다.

넷째, 정부는 투자자들을 차별 없이 구해줄 것이라는 믿음이다.

1장에서 보았듯이 정부는 정치적으로 가장 중요하고 영향력 있는 이들을 먼저 챙긴다. 즉 경제성장에 많이 기여하는 수출부문 대기업을 먼저 지원하는 것이다. 경제성장을 부추기기 위해 환율을 올리고 금리를 내려 인플레이션이 높아지면 근로소득자보다는 자산보유자가, 저축자보다는 채무자가 더 유리해진다.

정부의 투자자 구조작전은 대부분 주식이나 부동산을 사려는 잠재적 투자자들보다는 이미 사서 보유하고 있는 기존 투자자들을 위한 것이다. 위기가 닥치면 기존 투자자들의 아우성은 크지만 잠재적 투자자들은 말이 없다. 기성세대는 목소리가 크지만 미래세대는 아무 말도 할 수 없다. 그래서 정부의 시장개입은 늘 불공정하다. 정부의 개입은 시장의 불확실성과 리스크만을 키우게 되는 셈이다.

다섯째, 선지자를 따르면 성공에 이를 것이라는 믿음이다.

전문가들은 전지전능하지 않다. 자신보다 앞서 대박을 터트린 사람의 전략을 그대로 따라 하는 것은 성공을 보장하지 않는다. 대박투자의 비법을 콕 찍어 알려주는 재테크 서적의 한계도 늘 알고 있어야 한다.

성공을 보장하는 보물지도나 비법은 수만 명이나 수백만 명에게 나눠줄 수 없는 것들이다. 그런 보물지도나 비법은 독점할 때만 의미가 있다. 누군가 어렵게 얻은 보물지도나 비법을 쉽게 가르쳐줄 것이라고 생각한다면 그것은 큰 오산이다.

보이지 않는 적이 더 무섭다

튤립이 바이러스 감염으로 더 아름다워질수록
감염된 튤립이 네덜란드의 정원을 더 많이 차지했다.
생물체를 사랑스럽게 보이도록 하는 질병이
세상에 있으리라고는 아무도 생각하지 않았다.
바이러스는 사물을 바라보는 사람의 눈을 바꿔놓았다.

– 마이클 폴란의 『욕망하는 식물』 중에서

기생 동식물은 공격적인 성향이 강하다.
기생 동식물은 숙주인 동물과 식물을 빨아먹으면서 숙주를 쇠약하게 하지만
죽이지는 않으려고 노력한다. 숙주가 죽으면 자신도 죽기 때문이다.

– 장 마리 펠트의 『정글의 법칙』 중에서

정글의 꽃은 색깔과 향기로 우리를 유혹한다. 이들은 숨 막히는 아름다움으로 우리의 욕망을 자극한다. 향기나 즙으로 강력한 환각작용을 일으키는 식물도 있다.

정글에는 바이러스와 세균과 독충이 들끓는다. 이들은 보이지 않기에 더 무서운 존재들이다.

정글경제에는 투기의 열병을 옮기는 바이러스가 있다. 신뢰를 좀먹는 세균도 있고, 합리적인 판단력을 마비시키는 독충도 있다.

이들을 조심해야 투자의 정글에서 살아남을 수 있다. 이들의 공격을 받았을 때를 대비해 면역력을 키워야 하는 것은 물론이다. 퇴치법도 알아둬야 한다.

뱀파이어박쥐의 마취술

정글 속에는 뱀파이어박쥐가 산다. 이 박쥐는 당신이 잠든 사이 당신의 손이나 발의 살갗을 벗기고 피를 빤다. 당신은 아무것도 느끼지 못한다. 박쥐의 침에 마취성분이 있기 때문이다.

투자의 정글에도 뱀파이어박쥐들이 있다. 직업윤리를 무시하는 증권 브로커와 애널리스트와 펀드매니저들이 대표적이다. 물론 반듯한 윤리의식을 갖고 투자자들을 위해 최선을 다하는 애널리스트와 펀드매니저들도 많다. 그러나 그들의 보상체계가 잘못돼 있는 한 그들은 언제든지 뱀파이어박쥐가 될 수 있다. 당신이 충분히 주의를 기울이지 않으면 이들의 존재와 흡혈본능을 전혀 눈치 채지 못할 것이다.

헨리 블로짓은 미국의 거대 투자은행 메릴린치의 슈퍼스타였다. 증시에 '닷컴 열풍'이 몰아칠 때 투자자들은 인터넷 기업 애널리스트인 그의 말 한마디 한마디를 천금보다 더 귀중하게 여겼다.

당시 뉴욕 주 검찰총장 엘리어트 스피처는 월가 애널리스트들의 부정행위를 수사하고 있었다. 애널리스트들이 자사 투자은행 부문 기업고객에 유리하도록 사기성이 짙은 보고서를 낸다는 의혹을 밝히기 위해서였다.

스피처는 수사 과정에서 확보한 애널리스트들의 이메일을 공개했다. 이 가운데 블로짓이 사적으로 보낸 이메일 내용이 투자자들의 분노를 샀다. 블로짓은 일반 투자자들에게 적극적으로 매수하라고 추천한 주식을 사적인 이메일에서는 '쓰레기'라고 평가했다. 그가 이메일에 쓴 'crap' 'a piece of junk' 'pieces of shits' 라는 표현은 '쓰레기 같은 주식'이나 '개똥 같은 주식' 정도로 번역할 수 있다. 쓰레기나 개똥 같은 주식을 일반 투자자들에게 매수하라고 추천한 것은 인터넷 기업을 잘 알지 못하는 일반 부자자들을 속이는 싯이었다.

스피츠의 강도 높은 수사로 애널리스트들의 추악한 모습이 드러났다. 애널리스트들은 자사의 투자은행 부문 기업고객을 위해 일반 투자자들을 이용했다. 큰돈을 벌 수 있는 투자은행 부문 일거리를 따내기 위해 고객 기업들에게 유리한 분석보고서와 매수추천을 한 것이었다.

그들은 일반 투자자들이 생각하는 것처럼 객관적이고 독립적인 위치에서 기업과 주식을 분석하고 평가하지 않았다. 투자은행 업무를 따내기 위해 다른 증권사들과 사활을 걸고 경쟁하는 상황에서 주식매도추천을 하는 것은 죽음에 대한 키스와도 같은 것이었다.

이 같은 이해 상충 문제는 충분히 예견된 것이었다. 월가 투자은행들의 주된 수입원은 주식거래 중개에서 기업공개나 인수합병과 같은 투자은행 업무로 옮겨갔다. 일반 투자자들보다는 기업고객들이 훨씬 중요해진 것이다. 투자은행 사업과 리서치 부문이 분리되지 않은 것도 문제였다. 애널리스트들은 투자은행 부문의 성과를 높이는 데 기여한 만큼 추가적인 보상을 받았다.

결국 월가의 투자은행들은 거액의 벌금을 내기로 규제당국과 합의했다. 2003년 4월 투자은행 10곳은 모두 14억 달러 가까운 벌금을 물었다.

증권 감독과 규제가 가장 앞서 있다는 미국에서 일어나는 비리가 한국에서 일어나지 않는다는 보장은 없다. 우리나라에 스피처 같은 검사가 나오지 않는다는 사실이 아쉬울 뿐이다.

애널리스트들의 추천과 보고서를 다 믿어서는 안 된다. 그들은 일반 투자자들에게서 월급을 받지 않는다. 증권사를 위해 일하고 증권사에서 월급과 보너스를 받는다. 때문에 일반 투자자보다는 증권사에 유리한 쪽으로 편향된 기업분석보고서와 주식매수추천을 할 가능성이 크다. 그들 개인적으로는 '개똥'이라고 생각하는 주식을 일반 투자자들에게 매수 추천할 수도 있다.

2007년 11월 아나콘다증권은 이듬해 코스피 전망치를 내놨다. 장밋빛 전망이었다. 코스피가 최저 1970, 최고 2460 사이에서 움직일 것으로 내다봤다. 주식시장은 국내외 경기 확장세와 기업 이익 증가, 주식 수요공급 상황 호조로 탄탄한 상승세를 이어갈 것이라며, 주식투자 비중을 확대하는 것이 바람직하다는 의견을 제시했다. 이때는 코스피가 사상 최고치(2007년 11월 1일 장중 2085.45)를 기록한 직후였다.

그러나 코스피는 곧바로 내림세로 돌아섰다. 2008년 들어서는 급락세를 나타냈다. 아나콘다증권은 서둘러 전망치를 하향 조정했다. 향후 6개월 코스피 전망치를 1600~1980으로 내렸다. 투자 의견도 '중립'으로 바꿨다. 이는 사실상 매도 의견이나 다름없는 것이었다.

그러나 이마저도 빗나갔다. 코스피는 2008년 1월 하순 이미 1600선 아래로 떨어졌다. 아나콘다증권뿐만이 아니었다. 거의 모든 증권사들이 1700~1800대에 몰려 있던 코스피 저점 전망치를 일제히 하향 조정했다. 증권사들이 추락하는 코스피를 따라 전망치를 내리면 코스피는 다시 그 전망치 아래로 뚫고 내려갔다. 마치 쫓고 쫓기는 추격전을 보는 듯했다.

증권사 애널리스트(조사분석 담당자)들은 장밋빛 안경을 끼고 있다. 그들이 내다보는 기업실적과 주가전망은 늘 낙관적이다. 한국증권업협회에 등록된 애널리스트 1,115명(2007년 말)이 2007년 한 해 동안 내놓은 조사분석 자료는 3만 2,850건에 달했다. 이 가운데 주식을 사라고 추천한 자료는 전체의 70.1퍼센트에 이른다. 투자추천 10건 중 7건은 주식을 사라고 추천한다는 이야기다.

매수추천 비율은 지난 2005년 62.5퍼센트에서 2006년 65.2퍼센트, 2007년 70.1퍼센트로 갈수록 늘어나고 있다. 이에 비해 주식을 팔라는 추천은 전체의 2.3퍼센트에 불과했다. 나머지 16.5퍼센트는 중립 의견이었다. 국내 증권사들의 매도추천은 전체의 1.2퍼센트(192건)에 지나지 않았다. 외국 증권사들의 매도추천은 7.2퍼센트(310건)로 그나마 나은 편이었다.

주가가 오르면 애널리스트들의 매수추천도 늘어나고 주가가 떨어지면 매수추천도 줄어든다. '에프엔가이드'에 따르면 코스피가 600대를 오르내리던 2001년 증권사 기업분석보고서 가운데 매수추천보고서는 60퍼센트였다. 코스피가 2000 고지에 오른 2007년 매수추천보고서 비중은 80퍼센트에 가까웠다. 조사대상 보고서 2만 건 가운데 1만 6,000건 가까운 보고서가 모두 주식을 사라고 추천한 것이다. 2007년에도 코스피가 1400선을 오르내린 연초보다 2000선을 오르내린 가을 이후 매수추천 비중이 더 높았다.

장세를 보는 애널리스트들의 안목은 매우 실망스럽다. 실제로 주가가 짧은 기간에 가파르게 오를 때 '주가가 다시 떨어질 위험이 커졌으니 주식을 팔라'는 추천을 하는 전문가들이 과연 얼마나 될까.

애널리스트의 투자 의견이나 이코노미스트의 경제 전망은 제각각일 것이라고 생각하기 쉽다. 1,000명이면 1,000명 모두 다른 의견을 낼 것이라고 생각한다. 그러나 실제는 그 반대다. 너무 같아서 오히려 놀라게 된다. 특히 주가가 오를 때는 모두가 덩달아 흥분해서 매수추천을 쏟아내는 경우가 많다. 들소 떼처럼 우르르 한 방향으로 몰리기는 일반투자자들이나 전문가들이나 크게 다르지 않다.

시황에 따라 카멜레온처럼 색깔을 바꾸는 그들을 무턱대고 믿다가는 큰코다친다. 2008년 들어 4월 15일까지 나온 보고서 5,205건 가운데 86퍼센트인 4,490건이 주식을 사라는 의견을 냈다.

당신에게 주식매수를 추천하는 애널리스트들은 증권사에 고용돼 있다. 당신은 그들의 서비스를 이용하는 대가로 그들에게 직접 돈을 내지는 않는다. 그들이 급여를 주는 증권회사와 당신 중 어느 쪽에 더 충성할지는 말할 필요도 없다.

당신의 돈을 굴려주는 펀드매니저들 역시 같은 문제를 안고 있다. 그들은 자산운용회사에 고용돼 있다. 그들을 승진시켜주고 연봉을 올려주는 것은 당신이 아니다. 펀드매니저들 역시 회사와 당신 사이에서 이해 충돌이 발생할 때 회사 편에 설 것이다. 사실 펀드매니저가 아니라 펀드회사 자체의 잘못이 더 크다.

이와 관련해 미국 증권거래위원회 최장수 위원장이었던 아서 레빗의 조언을 들어보자. 그는 뮤추얼펀드들이 저지르는 '일곱 가지 무거운 죄'를 들었다.

첫 번째 죄는 높은 수수료다. 레빗은 펀드의 여러 가지 죄 가운데서도 가장 악질적인 죄가 지나치게 높은 수수료라고 밝혔다. 수수료는 별도의 청구서도 없이 펀드에서 자동적으로 빠져나간다. 펀드를 팔거나 운용하는 회사들은 투자자들이 수수료 부담이 얼마나 큰 것인지 잘 느끼지 못하도록 위장한다.

펀드 마케팅비용이 간접적으로 투자자들에게 전가되지 않는지도 잘 살펴야 한다. 새로운 고객들을 찾기 위해 펀드회사들이 써야 할 돈을 당신이 지불할 필요는 전혀 없다. 투자자들은 흔히 수수료가 비싸면 그만큼 수준 높은 자산관리 서비스를 기대할 수 있다고 믿는다. 그러나 수수료가 비싼 펀드가 성과가 좋은 펀드는 아니다.

두 번째 죄는 세금이다. 이는 미국처럼 자본이득(시세차익)에 과세하는 나라에서 큰 문제가 된다. 일부 투자자가 펀드에서 돈을 빼면 자산운용회사는 그 돈을 마련하기 위해 주식을 판다. 이때 발생한 시세차익에 대해 펀드는 세금을 내야 하고, 세금 부담은 돈을 빼지 않은 다른 투자자들에게 전가된다. 시세차익을 손에 쥐어보지도 못한 상태에서 세금이 나가는 것이다.

우리나라는 현재 상장주식 시세차익에 대해서는 세금을 물리지 않는다. 그러나 언젠가 상장주식에 대한 자본이득세가 도입되면 국내 투자자들도 미국 투자자들과 같은 세금 문제에 당면하게 될 것이다.

세 번째 죄는 펀드회사와 증권회사 간 불투명한 거래관행이다. 자산운용사나 펀드매니저들은 증권회사들에게서 온갖 편익을 제공받지만 이 편익이 다 투자자들에게 돌아가는 것은 아니다.

네 번째 죄는 적극적인 자산운용에도 불구하고 초과이익을 내지 못하는 죄다. 주식을 자주 사고팔아 거래비용만 많이 들고 운용실적은 신통찮은 것이다. 이런 펀드라면 차라리 인덱스펀드를 사는 것만 못하다.

다섯 번째 죄는 과거의 뛰어난 운용실적을 자랑하며 앞으로도 높은 수익률을 올릴 것으로 선전하는 것이다. 투자자들은 과거에 잘나가던 펀드가 앞으로도 높은 수익을 올려줄 것이라고 착각하기 쉽다.

여섯 번째 죄는 그들이 대중에게 설교하는 바를 정작 스스로는 실천하지 않는다는 것이다. 투기적인 단타매매에 주력하지 말고 장기적인 안목으로 투자하라거나, 상장회사들의 경영 투명성을 높이기 위해 기업지배구조 개선에 적극적으로 참여하라는 설교를 그들 스스로는 제대로 실천하지 않는다.

일곱 번째 죄는 투자자들을 현혹하는 펀드 이름을 짓는 것이다. 투자자들은 펀드 이름 속에 숨어 있는 교묘한 과장법에 속지 말아야 한다.

독충들

2008년 1월 검찰은 신기술 개발 공시로 주가가 오른 틈을 타 358억 원의 이득을 챙긴 혐의를 받고 있는 코스닥업체 대표 타란툴라 씨(가명)

를 증권거래법 위반혐의로 구속했다.

검찰에 따르면 이 회사는 2005년 말 빚이 거의 없는 곳에서도 또렷한 영상을 촬영할 수 있는 획기적 기술을 상용화해 매출이 급증할 것이라고 홍보했다. 이에 따라 주가가 1,650원에서 4만 6,950원으로 뛰자 타란툴라 씨는 차명계좌에 숨겨둔 주식을 팔아 거액의 이득을 챙겼다.

그 후 주가가 폭락하는 바람에 애꿎은 소액투자자들은 엄청난 손실을 입었다. 한때 시가총액이 1조 원을 넘던 이 회사의 주식은 2008년 4월 코스닥시장에서 퇴출되고 말았다. 대박의 꿈은 무참히 깨져버렸다. 이 주식에 대한 장밋빛 전망을 늘어놓던 애널리스트와 주식중개인들은 자취를 감추었다.

주식시장에서는 지금도 온갖 불공정거래가 끊이지 않고 있다. 지난 2005년부터 3년 동안 증권범죄로 금융감독원에 적발된 사례는 388건에 이른다. 시세조종이 229건, 미공개정보 이용이 159건이다. 시세조종으로 검찰에 고발된 사람 중 20퍼센트는 이전에도 같은 혐의로 고발된 적이 있는 사람들이다. 이들은 상습적으로 주가를 조작한다.

이처럼 증권범죄가 활개 치고 있는 것은 무엇보다 처벌이 너무 가볍기 때문이다. 현행법상 주가조작에 대한 처벌은 10년 이하 징역이나 2,000만 원 이하 벌금으로 규정돼 있다. 그러니 실제 선고되는 형량은 일벌백계—罰百戒와는 거리가 멀다.

현행법은 불공정거래로 챙긴 이득의 3배까지 벌금을 물리도록 명시돼 있다. 그러나 실제 벌금은 부당이득금보다도 적은 경우가 많다. '걸려도 남는 장사'를 할 수 있는 셈이다. 상습범에 대한 가중처벌 조항도 솜방망이일 뿐이다. 불공정거래로 적발된 5명 중 한 명이 이미 같은 법을 위반한 전력이 있다는 사실은 2년 내 같은 범죄를 저질러야 가중 처벌하도록 하는 현행법의 허점을 반증하는 것이다. 증권범죄는 꿈도 꾸지 못하도록 불공정거래 조사를 강화하고 최대한 엄격하게 법을 적용하지 않으면 증시에 대한 투자자들의 신뢰를 높일 수 없다. 금융감독당국과 사법부는 증권 범죄자에 관한 한 철저한 무관용의 원칙을 세우고, 그 원칙을 지키려는 확고한 의지를 보여줘야 한다.

시세 조종이나 미공개정보 이용과 같은 불공정거래는 자본시장의 건강한 발전을 위해 반드시 뿌리 뽑아야 할 암세포다. 주가조작과 내부자거래가 판치는 증권시장은 투자자 신뢰와 시장 효율성이 떨어져 결국 스스로 무너지게 될 것이다.

증권사기는 신뢰를 악용한다는 점에서 일반적인 절도와 다르다. 지금 이 순간에도 사기꾼들은 아름다운 독버섯처럼 당신을 유혹하고 있다.

신뢰는 돈이다

2001년 12월 2일 미국의 거대 에너지기업 엔론이 무너졌다. 실패한 성장전략과 탐욕스러운 경영자의 회계부정 때문이었다. 주식시가총액으로 따질 때 엔론의 기업가치는 2000년 말까지만 해도 625억 달러에 이르렀다. 그러나 회계분식이 드러나면서 파산한 후 엔론의 주식은 휴지조각이 됐다.

엔론의 파산은 2001년 미국 자본주의 심장부를 강타한 '9·11' 테러와 맞먹는 충격파를 남겼다. 미국처럼 자본시장의 역사가 길고, 가장 공정한 게임의 룰이 적용되는 시장에도 근본적인 결함이 있었다. 엔론 사태는 주식시가총액이 몇 백억 달러에 이르는 거대 기업도 투자자들의 신뢰를 잃으면 하루아침에 자본시장에서 퇴출될 수밖에 없다는 점을 깨닫게 해주었다.

신뢰는 눈에 보이지 않는다. 그러나 이제 무형의 신뢰는 곧바로 엄청난 금액으로 환산될 수 있는 가장 중요한 자본이 됐다.

엔론의 파산은 기업회계와 정보공개에 대한 근본적인 의문을 던져주었다. 기업의 회계를 감사해야 할 회계법인이 기업으로부터 돈을 받는 체제에서는 독립적인 감사가 이뤄지기 어렵다. 경영자가 단기적으로 뛰어난 성과를 보여주기 위해 경영실적보고서에 분칠을 해도 회계감사인이 이를 막기는 어렵다. 엔론 사태는 경영의 투명성을 떨어트리는 기업지배구조에 대한 심각한 반성의 계기를 제공해주었다. 또한 지금은 투자자의 신뢰가 곧 돈이 되는 시대라는 사실을 새삼 일깨워주었다.

신뢰가 돈이라면 적극적으로 신뢰를 높임으로써 돈을 벌 수 있는 기회도 있을 것이다. 이 점에 착안해 투자자를 모으는 것이 바로 기업지배구조펀드다.

플루토펀드(가명)는 한마디로 지배구조를 뜯어고치면 주가가 오를 만한 기업에 투자하는 펀드다. 일단 지배구조 문제로 주가가 낮은 기업을 찾아내 상당한 지분을 확보한다. 그런 다음 경영진이나 대주주를 설득해 지배구조 개선을 추진한다. 이런 노력이 장기적으로 기업 가치를 높이고 이는 주가상승으로 이어지기를 기대하는 것이다.

주로 주식시가총액 2조 원 미만이면서 지배구조 문제로 주가가 저평가된 기업이 이 펀드의 투자대상이 된다. 이 펀드를 운용하는 L 씨는 지분을 확보한 기업의 단기적인 주가등락에는 신경 쓰지 않는다.

이 펀드는 전형적인 장기투자다. 한 번 산 주식은 보통 7년 넘게 갖고 있다. 물론 성장 잠재력이 크면 더 오래 보유할 수도 있다. L 씨는 "투자대상 기업을 선정할 때 가장 중요하게 보는 것은 사람"이라고 말한다. 그 기업을 이끄는 이들이 '얼마나 능력 있고 도덕적이냐'를 본다는 것이다.

투자대상 기업의 주가가 잠재력에 비해 저평가돼 있어야 한다는 것은 말할 필요도 없다. 그런 기업은 아무래도 규모가 작은 기업 중에서 찾기 쉽다. 기업분석보고서 하나 제대로 없는 작은 기업은 주가가 기업가치를 효율적으로 반영하지 못할 때가 많다. 삼성전자처럼 방대한 투자정보가 쏟아지는 대기업에 투자할 때보다 초과이익을 얻을 가능성이 크다.

삼성 같은 거대 그룹이 지배구조 문제 때문에 외국자본의 공격을 받고, 삼성전자와 같은 핵심 계열사가 경영권의 위협을 받을 가능성은 거의 없다. L 씨는 "삼성은 계열사 간 출자의 고리가 워낙 치밀해 외국자본이 뚫고 들어갈 수 없다"고 말한다. 또 "인수합병M&A을 하려면 정확한 밸류에이션(기업가치평가)이 필요한데, 삼성전자처럼 사업과 출자구조가 복잡한 기업의 밸류에이션은 아예 불가능하다"고도 말한다.

작은 기업들은 단순한 의사결정 구조를 갖고 있기 때문에 지배구조 개선에 유리한 면이 있다. 지배구조의 변화를 가져오는 중대한 의사결정도 대주주(오너)의 결심만 얻으면 된다.

물론 작은 기업에 투자할 때는 그만큼 리스크도 크다. 그러니 기업을 잘 알고 덤벼야 한다. L 씨는 정확한 실상을 알아보려 직접 탐방한 기업이 500여 곳에 이른다.

그렇다면 지배구조에 문제가 있는 기업들은 어떻게 골라낼 수 있을까. L 씨는 다음과 같은 기업들을 조심하라고 말한다.

첫째, 최고재무책임자CFO가 없다. 회계와 재무에 관한 전문지식과 책임을 가진 경영자가 아예 없는 것이다.

둘째, 이사회의 독립성을 높이기 위해 선임한 사외이사들이 최고경영자의 전횡을 견제하지 못한다. 감사위원회도 아예 없거나 제구실을 못한다.

셋째, 주식발행을 통한 자본조달이 차입비용보다 싸다고 믿는다. 일단 주식을 발행하고 나면 주가에는 신경도 안 쓴다.

넷째, 자기자본에 비해 수익률이 너무 낮다. 이는 자산이 효율적으로 활용되지 못한다는 뜻이다.

다섯째, 배당률이 낮다. 외국 투자자들은 한국 기업의 배당률이 액면가 대비 배당률이라는 점을 알게 되면 놀란다.

여섯째, 대주주는 소액주주들의 권익을 무시한다. 상속세 부담을 줄이기 위해 주가가 낮은 수준에 머물러 있기를 바라기도 한다. 대주주가 개인적으로 사업체를 갖고 회사와 거래함으로써 일반 소액주주들의 권익을 침해하기도 한다.

일곱째, 종업원들이 자사 주식을 조금밖에 갖고 있지 않다. 종업원들이 주주들에게 충성하지 않고 대주주 오너에게만 충성하게 된다.

여덟째, 기업설명 활동IR을 너무 안 한다. 일반 소액투자자들은 회사의 내용을 알 길이 없다.

대기업에 대한 각종 경영감시 장치들이 새로 작동하고 있는 것과 달리 중소기업들은 여전히 형편없는 지배구조를 갖고 있다. 그럴수록 기업지배구조펀드기 투자기회를 많이 찾을 수 있을 것이다. L 씨는 "한국에는 지배구조가 개선되면 주가가 지금의 2배 이상으로 높아질 가능성이 있는 기업들이 아직 많다"고 말한다.

기업 지배구조에 문제가 있다는 것은 좋게 표현한 것이고 실제로는 범죄행위에 해당하는 사례까지 있다. L 씨는 상장회사 대주주가 기업의 재산을 빼돌려 2세에게 넘겨주는 전형적인 수법들을 잘 알고 있다.

한국에서 기업 지배구조 문제는 앞으로 점점 더 중요하게 부각될 것이다. 기관투자가들뿐만 아니라 일반 소액투자자들도 이 문제를 결코 가볍게 봐서는 안 된다.

고령화 시대에 노후자금을 마련하려는 개인투자자들은 단타매매에 주력하던 과거와 달리 점점 더 장기투자를 하게 될 것이다. 그리고 장기투자자일수록 자신이 투자한 기업이 오랫동안 건강하게 성장하는 데 결정적인 요인이 되는 지배구조 문제에 더욱 신경 쓸 수밖에 없을 것이다.

기업 지배구조 문제를 추상적이고 관념적인 사회문제로만 보아 넘겨서는 안 된다. 이것은 당신의 부와 소득에 직접적인 영향을 미칠 수 있는 문제다. 노후를 위해 10~20년 동안 투자한 기업이 지배구조 문제 때문에 일순간 빈껍데기가 돼버린다면 어떻게 할 것인가.

튤립의 아름다움에 눈멀다

투자의 정글에서는 바이러스에 감염된 꽃이 더욱 아름다워 보인다. 특히 투기라는 바이러스는 당신의 눈을 멀게 한다. 투자대상의 아름다움에 홀린 당신은 투기의 위험을 전혀 의식하지 못한다.

투기의 바이러스가 쉽게 창궐하는 시장 가운데 하나가 미술품 시장이다. 미술품 시장이 뜨겁게 달아올랐던 2007년으로 잠시 돌아가보자.

"도저히 이해할 수 없네요. 그림 한 점에 45억 원이라니……." 박수근 화백 그림값 이야기가 나오자 소설가 K 씨는 매우 못마땅한 표정이었다. 그는 이 시대의 대표적 문인이다. 국민화가 박수근의 그림이 갖는 예술적 가치를 평가하는 데 누구보다 너그러울 수 있다.

그러나 그는 2007년 5월 박수근의 유화 「빨래터」가 국내 미술품 경매 사상 최고가인 45억 2,000만 원에 낙찰된 것은 납득하지 못했다. A4

3장 남짓한 크기의 그림 한 점이, 평균 5억 원쯤 하는 서울 아파트 9채 값에 맞먹는 것은 너무 심하다는 생각이다.

그림값은 누구에게나 풀기 어려운 수수께끼다. 인상파의 거장 빈센트 반 고흐의 그림값도 수수께끼이기는 마찬가지다. 고흐가 죽기 전에 팔았던 그림은 단 한 점뿐이었다. 그러나 한 세기가 지난 후 그의 작품들은 컬렉터와 투자자들에게 최고의 인기를 얻었다. 「닥터 가셰의 초상」은 사상 최고가인 8,250만 달러에 팔렸다.

사람들은 이 위대한 예술가의 영혼을 이해하지 못했던 과거를 속죄라도 하듯 뒤늦게 고흐에게 열광적인 찬사를 보냈다. "우리는 이 저주 받은 화가가 부당한 대우를 받은 만큼 그에게 빚을 졌으므로 그의 그림을 살 때 우리가 진 빚만큼 엄청난 값을 치러야 한다"는 사회심리학자의 해석까지 나왔다. 고흐의 삶은 신화가 되고, 신화는 다시 그림값을 부추겼다.

고흐의 일생처럼 광기의 신화는 아니지만 박수근의 삶에도 전설적인 요소가 있다. 박완서의 소설 『나목』의 주인공이었던 박수근은 주한 미군들의 초상화를 그려주며 생계를 이었고, 한쪽 눈이 실명한 뒤에도 그림에 매달렸다.

그러나 그림값은 신화로만 설명될 수는 없다. 그림값은 결국 시장의 수요와 공급에 따라 결정되는 것이다. 8,250만 달러짜리 고흐의 그림이 몇 년 만에 8분의 1로 곤두박질한 것을 어떻게 설명할 수 있을까. 그림값의 폭등과 폭락은 작품의 예술적 가치보다는 일본의 자산거품으로 더 잘 설명할 수 있다.

그림에 투자하는 것은 아름다움에 투기投機하는 것이다. 거품이 끓어오르는 미술품 시장의 투자자들은 꽃 한 뿌리에 모든 것을 걸었던 17세기 암스테르담의 튤립 마니아에 비유할 수 있을 것이다. 튤립의 아름다움에 눈먼 이들처럼 명화의 신비한 매력에 빠져든 이들의 베팅은 무모하다. 튤립 한 뿌리 값이 운하 옆 저택 한 채와 맞먹었을 때가 있었듯이, 그림 한 점 값이 서울 노른자위 최고급 아파트 한 채 값만큼 치솟기도 한다.

요즘은 재벌가 사모님뿐 아니라 평범한 월급쟁이들까지 미술품 시장을 기웃거린다. 그림을 언젠가 대박을 안겨줄 자산으로 생각하는 이들이 먼저 알아야 할 것이 있다. 아름다움에 투기하려면 먼저 아름다움을 보는 눈을 가져야 한다. 그리고 투기에 목숨 걸지 말고 실패하더라도 즐거웠던 추억으로 남길 수 있는 경제적, 정신적 여유가 필요하다.

그림은 주식이나 채권처럼 정기적으로 배당이나 이자를 내주지 않는다. 그림을 안전하게 보존하기 위한 비용과 보험료를 감안하면 평소 그림에서 창출되는 소득은 오히려 마이너스다. 물론 그림을 감상하는 행복을 돈으로 환산한다면 이야기가 다르다. 하지만 안정적인 소득이 없는 자산에 시세차익만을 겨냥하고 투자하는 것은 투기다.

투기에 성공하려면 마지막 단계에서 '나보다 더 어리석은 바보'를 찾을 수 있어야 한다. 튤립 투기와 마찬가지다. 이미 제정신이 아닌 투기꾼들이 시장을 지배하고 있을 때 '더 어리석은 바보 찾기' 게임이 벌어진다. 더 어리석은 바보를 찾지 못한 이들은 결국 폭탄을 맞게 된다.

지난 2007년까지 급증한 시중 유동성은 그림값을 띄우기에 충분했다. 넘치는 유동성은 모든 자산시장에 해일처럼 밀려들었다. 소득이 늘고 아파트값이 뛰면서 그림 한 점 갖고 싶어 하는 보통 사람들도 크게 늘었다.

그러나 유동성이 띄우는 시장은 부침이 심하다. 그만큼 투자 리스크도 크다. 자산거품을 믿고 인상파 대가의 그림을 싹쓸이했던 일본 사람들은 이를 뼈저리게 깨달았다. 그림 투기에 있어서 성공의 열쇠는 10년이나 30년 후 자신이 투자한 그림을 찾는 이들이 얼마나 될지 내다보는 눈이다.

아름다움을 보는 눈은 변한다. 고흐는 이미 사상 최고가 기록을 다른 화가에게 내줬다. 인상파 그림의 매물 부족과 젊은 부자들의 부상으로 컨템퍼러리 아트가 뜨고 있는 것이다. 박수근 화백의 그림이 언제까지 인기 절정일지는 미지수다. 10년 후 어떤 그림이 최고가 될지 알아맞히는 것은 10년 후 대박주를 찍는 것보다 10배쯤 어렵다. 미래의 시대정신과 철학 사조까지 내다봐야 가능한 일이다.

2007년 하반기 글로벌 금융시장이 불안해지면서 미술품 시장 사이클도 반전될 것이라는 우려가 높아졌다. 컨템퍼러리 작품값을 올려놓았던 월가의 고소득층은 일자리와 보너스를 잃을 것을 걱정하기 시작했다. 이들은 재정상태가 불안해지면 가장 먼저 미술품 구입을 중단한다.

러시아, 중국, 인도의 신흥부자들이 늘어나면서 미술품 시장의 수요 기반도 넓어졌다. 이 때문에 미술품 시장이 심각한 하락을 겪지는 않을 것으로 보는 견해도 있다. 이들 신흥부자들은 주로 이름 있는 기성작가에 몰린다. 거품시장에서 잘나가던 신진작가들은 조정국면에서 상대적으로 큰 타격을 받게 될 것이다.

미술품에 투자하는 헤지펀드들은 이 모든 시장의 번덕에서 자유로울 수 있다고 주장한다. 미술품 가격과 함께 움직이는 경제지표나 명품업체 주가에 옵션을 걸어 리스크를 회피하면서 대박을 노릴 수 있다는 것이다. 그러나 이 역시 검증되지 않은 마술의 유혹일 뿐이다.

대박의 환상은 어지러운 추상화처럼 우리를 혼란스럽게 한다. 당신은 튤립 한 뿌리로 저택 한 채를 사려는 투기에 기꺼이 뛰어들 것인가, 아니면 튤립 꽃잎에서 아름다움을 찾는 데 만족할 것인가.

정글경제에서는 –
바이러스를 조심하라

정글경제에는 천재의 눈도 멀게 하는 투기의 바이러스가 있다. 이 바이러스를 퇴치하는 법은 아직 발견되지 않았다. 자신도 모르는 사이에 이 바이러스에 감염되지 않으려면 스스로 면역력을 키우는 수밖에 없다.

정글경제에는 치명적인 독충도 있고 마취술이 뛰어난 흡혈동물도 많다. 이들의 공격을 피하려면 정글의 먹이사슬을 알아야 한다. 얽히고설킨 이해관계와 인센티브 구조를 이해해야 하는 것이다.

투자의 정글에는 당신에게 '쓰레기 주식'을 파는 브로커들도 있다. 이들은 당신이 얼마나 투자수익을 올릴 수 있는지, 얼마나 리스크를 줄일 수 있는지를 고민하기보다는 증권거래 약정 실적을 올리는 데 혈안이 돼 있다.

당신은 아무 까닭 없이 이 주식에서 저 주식으로 갈아타기를 권하는 브로커를 가까이 해서는 안 된다. 그들은 당신이 돈을 잃을 때도 혼자서 수수료를 챙긴다.

당신이 만나는 증권회사 직원이 피해야 할 사람인지 아닌지 알 수 없어 혼란스러울 때, 아서 레빗 전 미국 증권거래위원장은 그의 눈을 똑바로 보면서 다음과 같은 것들을 물어보라고 조언한다(다음 질문들은 은행이나 보험사 직원들을 대할 때도 응용할 수 있다).

첫째, 당신이 나에게 당신네 회사가 만든 투자상품을 팔면 다른 회사의 상품을 팔 때보다 많은 보상을 받습니까? 당신네 회사는 특정 상품에 대한 판매촉진 캠페인을 벌여 실적이 우수한 이들에게 높은 인센티브를 주고 있습니까? 당신은 최근 연봉이나 직급을 올려 받는 조건으로 회사를 옮긴 적이 있습니까?

(특정 상품의 판매촉진을 위한 인센티브가 많을수록 그는 당신에게 좋은 상품보다는 자신에게 돌아올 인센티브가 많은 상품을 골라주기 쉽다. 그리고 그의 연봉과 직급이 높아질수록 그에 걸맞은 실적을 올리려 기를 쓰고 약정고를 늘리려 할 것이다.

펀드의 경우도 마찬가지다. 우리나라에서는 펀드를 운용하는 회사들이 펀드를 판매하는 회사에 종속돼 있는 경우가 많다. 펀드 판매업계에서 10위 안에 드는 대형 은행과 증권회사들이 전체 시장의 3분의 2를 차지한다. 이들 회사 직원들은 당신에게 가장 적합한 펀드를 골라주기보다는 계열사가 내놓은 펀드나 판매사원에게 높은 인센티브를 주는 펀드를 권유할 것이다.

개인 고객들의 자산관리를 해주는 은행 PB들도 같은 문제를 안고 있다. 그들이 '강추'하는 상품들은 실은 당신에게 가장 맞는 상품이라기보다 그들의 실적을 올리는 데 꼭 맞는 상품일 수도 있다.)

둘째, 당신네 회사는 어떤 종류의 수수료를 버는 데 더 주력하고 있습니까? 내가 증권을 사고팔 때 떼어 가는 거래수수료보다 내 자산 전체의 운용 성과에 따른 보수를 얻기 위해 더 열심히 노력합니까?

(거래수수료를 많이 버는 데 주력하는 회사는 당신의 투자성과를 높이기 위한 전략을 제시하기보다는 쓸데없이 주식을 자주 사고팔도록 권유한다. 투자자문이나 자산운용 서비스를 제공하는 이들은 단순한 증권 중개인보다 더 많은 책임감을 갖고 당신의 자산관리를 도와준다.

그러나 투자자문과 자산운용 서비스수수료는 단순한 거래수수료보다 훨씬 높다. 또 투자성과와 무관하게 떼어 가는 수수료도 있기 때문에 그들이 당신의 돈을 자기 돈처럼 신경 써서 관리해줄지는 여전히 의문이다.)

셋째, 투자 전문가로서 당신은 어떤 교육과 훈련을 받았습니까? 당신의 경력 증명서를 보여줄 수 있습니까? 당신네 회사가 당신에게 정기적으로 교육과 훈련을 시키고 있습니까?

(당신의 귀중한 자산을 굴려주는 그가 지식과 경험이 부족하거나 높은 성과급에만 혈안이 된 세일즈맨일 수도 있다. 만일 그렇다면 무턱대고 그의 조언을 믿고 따르는 것은 위험한 일이다. 얼마나 많은 일반 투자자들이 지금 이 순간에도 그들의 장삿속에 넘어가고 있는지, 당신은 이 점을 늘 경계해야 할 것이다.)

당신은 투자를 할 때 늘 금융기관과 투자 전문가의 몫을 생각해야 한다. 당신은 투자수익을 이들과 나눠가져야 하기 때문이다. 정부에도 일정한 몫을 세금으로 떼어줘야 한다. 그들이 많이 가져갈수록 당신에게 남는 몫은 줄어든다. 이는 특히 펀드 투자자들이 늘 유념해야 할 것들이다.

펀드수수료가 비싼 만큼 특별히 더 얻는 것이 없다고 판단되면 수수료가 낮은 인덱스펀드를 택하라. 적극적으로 자산을 운용하는 펀드는 주식을 자주 사고팔기 때문에 인덱스펀드에 비해 거래비용이 훨씬 많이 든다. 펀드 가입자가 내는 수수료 부담도 훨씬 크다.

펀드회사는 운용기술이 뛰어난 만큼 높은 수수료를 받는 것이라고 주장한다. 그러나 적극적인 운용을 하는 펀드가 인덱스펀드보다 높은 성과를 낼 수 있다는 주장의 근거는 매우 약하다. 인덱스펀드보다 잘나가는 펀드가 있으면 죽을 쑤는 펀드도 있게 마련이다. 어떤 펀드가 인덱스펀드보다 높은 성과를 냈다 하더라도 그것이 펀드매니저의 기술 때문인지, 단지 운이 좋았기 때문인지는 판단하기 어렵다.

모든 상장주식에 분산 투자하는 인덱스펀드는 개별 종목이나 특정 섹터(부문)에 투자하는 펀드보다 안전하다. 적극적으로 주식을 사고파는 펀드보다는 시장평균수익률을 따라가는 인덱스펀드가 더 안정적인 이익을 낼 수 있다는 이야기다.

펀드에 투자할 때는 반드시 그 펀드의 운용전략을 꼼꼼히 읽어보라. 투자 대상과 전략을 당당히 밝히지 않고 그때그때 상황에 따라 알아서 운용하겠다는 '묻지마 펀드'는 피해야 한다.

펀드 쇼핑에 나설 때는 일시적인 유행을 좇지 않도록 유의해야 한다. 개별 주식에 투자할 때와 마찬가지로 펀드투자 때도 기본에 충실해야 한다. 한 해 30퍼센트나 50퍼센트씩 뛰는 섹터펀드를 뒤늦게 쫓아가며 사는 것은 어리석은 짓이다.

장기적으로 보면 경제 전체가 5퍼센트 성장할 때 기업 이익도 5퍼센트 늘어날 것이다. 주가도 대략 그 정도 상승할 것이다. 특정 섹터의 고성장이 한두 해 유지될 수 있을지 몰라도 장기간 지속되기는 어렵다.

투자자들은 늘 '주식회사 한국'의 성장 잠재력을 따져봐야 한다. 한국개발연구원KDI이 추정한 한국 경제의 잠재성장률은 1980년대 후반까지만 해도 8퍼센트 가까운 수준이었다. 잠재성장률은 1990년대 초반 6.6퍼센트, 1990년대 후반 6.0퍼센트로 둔화되더니 2000년대 들어서는 4~5퍼센트로 떨어졌다(실제 성장률은 투자자들이 예상한 것만큼 크게 떨어지지 않았다. 1999년 이전 8년 동안 연평균 5.5퍼센트에서 2000년 이후 8년 동안 평균 5.1퍼센트로 떨어졌다).

당신의 투자에 있어 최고의 펀드매니저는 바로 당신 자신이다. 너무나 싱거워 보이는 이 결론이, 이 책이 당신에게 줄 수 있는 최선의 조언이다.

늘 당신 자신의 투자본능과 상식을 믿어라. 신문과 방송에 단골로 나와 당신이 고민하는 어떤 문제도 풀어줄 수 있을 것처럼 말하는 투자의 고수, 새파랗게 젊은 나이에 이미 수백억 원대 재산을 모아 '투자의 귀재' 라 불리는 슈퍼개미, 성공투자의 비법을 소개하는 베스트셀러를 썼거나 투자이론을 정립해 석학의 반열에 든 대가들……. 이들을 너무 믿지 말아야 한다. 이들 중 그 누구도 당신의 투자결정을 대신해줄 수 없다. 당신의 운명을 남의 손에 맡기지 마라.

07

태어난 것은 소멸의 길로 달려간다

우리가 나이 들어가는 우리 자신을 바라보고 느낄 때
우리는 하나의 시계가 된다.
그래서 우리는 늘 시간을 관리할 수 있다.
우리가 소멸하는 존재인 게 얼마나 다행인가!

– 움베르토 에코의 「타임스」 중에서

황금을 쌓아 두면 부를 창출할 수 없다. 황금은
어떤 목적을 위한 수단으로 활용할 때만 의미가 있다.
무언가를 아름답게 장식하고 우리가 진정으로
원하는 것과 교환할 때 의미를 갖게 되는 것이다.

– 피터 번스타인의 「황금의 힘」 중에서

시간은 보이지 않는다. 만질 수도 없다. 그러나 우리는 모두 시간의 힘을 두려워한다. 어떤 것도 시간을 가로막을 수는 없기 때문이다.

정글의 시간은 인간의 열망을 헤아려주지 않는다. 투자의 정글을 흐르는 시간은 그 흐름의 의미를 깨닫지 못하는 이들에게 가혹하다. 시간은 거대한 모래시계 속의 모래알처럼 끊임없이 흘러내린다. 모래알은 시간과 함께 흘러내리기만 할 뿐 시간을 거슬러 올라가지는 않는다.

당신이 일생 동안 쓸 수 있는 옵션도 마찬가지다. 옵션은 무언가를 선택할 수 있는 권리다. 옵션의 가치는 시간이 지날수록 빠르게 소멸해간다. 당신이 언제나 많은 옵션을 갖고 있다고 착각해서는 안 된다. 옵션이 모두 소진되기 전에 정글의 위험에서 벗어나야 한다.

백발의 닌자

2007년이 다 저물어가던 어느 날 오후. 서울 광진교를 지나던 행인들은 한 노인이 한겨울의 차디찬 강물로 뛰어드는 것을 목격했다. 신고를 받고 출동한 구조 요원들이 노인을 병원으로 옮겼다. 노인은 응급치료를 받았지만 이튿날 오전 숨을 거두고 말았다.

그의 호주머니에서 유서가 나왔다. 노인은 유서에서 '주식투자로 전 재산 10억 원을 잃어 가족을 볼 면목이 없다'며 '고통 없는 곳으로 떠나고 싶다'고 말했다. 그의 나이는 71세였다.

뒤늦은 이야기지만 그 노인은 처음부터 주식투자를 하지 말았어야 했다. 투자를 하더라도 재산의 극히 일부만을 주식에 배분했어야 옳았다. 70대의 나이에 전 재산을 주식에 '다 거는(올인하는)' 것은 무슨 수를 써서라도 뜯어말렸어야 할 일이다.

이유는 간단하다. 나이가 많을수록 손실을 만회할 시간이 부족하기 때문이다. 투자자가 고령일수록 리스크가 작은 포트폴리오(자산구성)를 만들어야 한다. 인간의 열망에 비해 시간은 늘 부족하다.

한강에 뛰어든 노인이 꼭 알았어야 할 주먹구구 법칙이 하나 있다. 투자자산에서 주식 비중은 '100에서 투자자의 나이를 뺀 값'보다 작아야 한다는 룰이다. 한강에 뛰어든 71세 노인의 경우 주식 비중이 29퍼센트를 넘으면 매우 위험하다는 이야기다(100-71=29).

그러나 노인에게 이처럼 단순하고 자명한 룰을 알려준 이는 아무도 없었다. 오히려 노인의 무모한 투자를 부추기면서 파멸을 방조한 뱀파이어박쥐 같은 사람이 있었다고 보는 것이 더 맞을 것이다.

실제로 은퇴를 앞둔 이들에게 주식투자 비중을 높이라고 권하는 전문가들은 많다. 이들은 주식이 다른 자산에 비해 높은 성장성을 기대할 수 있고 인플레이션에 대한 보호막이 돼줄 수 있다며 부추긴다. 그러나 이들의 말을 곧이곧대로 들어서는 안 된다.

이미 앞에서 살펴보았듯이 높은 인플레이션은 주식시장에 나쁜 영향을 미치는 경우가 많다. 주식이 다른 자산에 비해 장기적으로 높은 성과를 올린 것은 사실이다. 그러나 주식시장이 오랫동안 침체를 벗어나지 못하는 경우도 많다. 주식투자 비중이 너무 높으면 은퇴 후 소득이 급격히 변동할 위험이 있다.

퇴직 후 연금소득을 얻기 위한 펀드에 가입할 때는 그 펀드의 주식투자 비중을 반드시 체크해야 한다. 일반적으로 은퇴시점이 멀수록 주식투자 비중을 높일 여유가 있다. 그러나 이것도 언제나 옳기만 한 것은 아니다. 나이가 젊더라도 주식투자 위험과 관련이 많은 직업을 가졌다면 추가로 리스크를 안을 여유가 없다.

젊었을 때 닌자처럼 날렵하던 투자자도 나이가 들수록 리스크를 두려워하게 되는 것은 당연하다.

은퇴가 가까워진 이들이 공격적인 자산운용을 하는 펀드에 가입하는 것은 특히 위험하다. 은퇴가 머지않은 당신에게 증권사나 은행 직원이 '강추'한 상품이 주식편입 비중 80퍼센트 안팎의 성장형펀드라면 덥석 가입해서는 안 된다.

리스크 관리를 위해서는 은퇴시점이 가까워질수록 단계적으로 주식투자 비중은 줄이고 채권 투자를 늘려야 한다. 예를 들어 40세가 되는 해 주식투자 비중을 60퍼센트에 맞추고, 50세가 되면 50퍼센트, 60세가 되면 40퍼센트로 점차 비중을 줄여가는 것이다.

주식투자 비중을 '90에서 나이를 뺀 값'으로 할 수도 있다. 60세가 되면 주식투자 비중을 30퍼센트 이내로 줄이는 것이다. 그 30퍼센트도 가능한 한 안정적인 현금흐름이 기대되는 종목에 분산 투자함으로써 위험을 줄이는 것이 좋다. 물론 이렇게 해도 주식투자의 위험을 완전히 해소할 수는 없다.

투자론으로 유명한 즈바이 보디 보스턴대 교수는 '은퇴가 가까운 시점에서는 다 잃어도 괜찮을 만큼만 위험자산에 투자하라'고 충고한다. 그러자면 먼저 은퇴 후에 필요한 소득을 얻으려면 젊었을 때 매달 얼마나 저축해야 하는지 계산해봐야 한다. 그만큼 저축을 하고도 여유가 있을 때만 주식에 투자하라는 이야기다. 노후를 위한 저축으로는 물가연동채권을 비롯해 안정적인 실질수익률을 보장하는 자산에 투자하는 것이 좋다.

은퇴 후 일정한 소득을 얻을 요량으로 펀드에 들 때는 세 가지 리스크에 유념해야 한다. 증시가 크게 오르거나 떨어질 위험(시장 위험), 돈의 구매력이 떨어질 위험(인플레이션 위험), 예상했던 것보다 너무 오래 살아서 소득이 부족할 위험(장수 위험)이 그것이다.

옵션과 모래시계

정글경제 탐험 1단계에서 우리는 19년 전 과거로 시간여행을 했다. 이제 19년 후의 미래로 여행할 차례다. 당신이 그때까지 정글경제에서 살고 있다면 다음과 같은 일이 실제로 벌어지고 있는지 체크해본 다음, 그 결과를 필자에게 알려주면 고맙겠다.

2027년 대선이 꼭 한 달 남았다. 대선은 늘 조락凋落의 계절에 찾아온다. 20년 전에도 그랬다. 베이비붐 세대의 막내인 나도 어느덧 노령연금을 받는 나이가 돼서 2007년 대선을 되돌아본다.

이번 대선의 쟁점은 20년 전과 판이하다. 진보와 보수의 이념 대결은 간 곳이 없다. 지금은 노인당과 청년당의 대결구도가 두드러진다. 이렇게 된 것은 한정된 국가자원을 배분하는 문제를 둘러싸고 세대 간에 날카로운 대립이 계속됐기 때문이다. 갈수록 빠듯해지는 나라살림으로 고령자 의료혜택을 늘릴 것이냐, 청소년 교육에 더 투자할 것이냐가 핵심 쟁점으로 떠올랐다.

노년층은 의료지원이 죽느냐 사느냐의 문제라며 배수진을 치고, 청년층은 미래의 국가 경쟁력을 생각한다면 교육투자에 힘을 기울여야 한다고 맞선다.

국민연금이 곧 고갈될 것이라는 위기의식은 세대 갈등을 한껏 고조시켰다. 20년 전 정부는 국민연금기금이 2040년대 중반에 줄어들기 시작하고 2060년이면 완전히 바닥을 드러낼 것으로 내다봤다. 그러나 위기는 당초 예상보다 빨리 찾아왔다. 노년층을 부양해야 할 근로 인구가 급속히 줄어든 데다, 유권자들의 눈치만 살피던 정치권이 '더 내고 덜 받는' 연금 개혁을 외면했기 때문이다.

경제성장이 둔화되면서 연금수급은 더욱 악화됐다. 중국처럼 젊은 근로자가 많은 나라는 고속 성장을 이어가고 있다. 그러나 세계에서 가장 빨리 늙어가는 한국은 경제가 끝없는 침체의 길로 갈지도 모른다는 위기감이 높게 일고 있다.

국민연금 위기의 결정적 계기가 된 것은 기금운용상의 잇단 실책이었다. 기금운용 수익률이 기대했던 것에 훨씬 못 미치면서 기금적립액이 줄어들기 시작하는 시점이 당초 추정한 것보다 10년이나 빨리 찾아왔다.

뼈아픈 실책은 기금운용에 대한 정치인들의 근시안적이고 무책임한 간섭에서 비롯됐다. 기금운용위원회에는 당대 최고수 전문가들이 모여 있었지만 문제는 이들의 전문성이 제대로 발휘되지 못한 데 있다.

위원들은 장기적으로 감내할 수 있는 리스크 수준과 목표 수익률을 정하고 이에 따라 최적의 자산배분전략을 세웠다. 그러나 단기적으로 수익률이 기대에 못 미치자 여론은 들끓고 정치권은 민감하게 반응했다. 대통령까지 나서서 압력을 넣는 바람에 위원장이 사퇴하는 사태까지 벌어졌다.

운용전략은 전면 수정됐다. 높은 위험을 감수하고서라도 당장 수익률을 높이는 방향으로 전략을 다시 짠 것이다. 그러나 성급한 전략 수정은 오히려 화를 불렀다. 리스크 관리 모델에서 가능성이 5퍼센트도 채 안 된다고 보았던 세계 자본시장의 위기가 갑자기 닥쳐온 것이다.

20년 전에도 위기감은 있었다. 당시 기획예산처 장관이 '현행 국민연금은 시한폭탄'이라고 말했던 것이 기억난다. 그러나 연금수급과 지배구조에 관한 근본적인 개혁은 미뤄졌다. 대선 후보들도 문제의 심각성을 제대로 이야기하지 않고 덮어버리기만 했다.

아들딸을 잘 키우는 것이 가장 좋은 노후보험이던 시절이 언제였는지 까마득하다. 지금은 '자녀교육에 가산을 탕진하지 말고 노후연금 상품이나 많이 들어둘 걸……' 하고 후회하는 친구들이 많다.

청년층은 갈수록 무거워지는 세금과 연금 납입부담에 힘들어하고 있다. 그들에게 부모세대를 부양하라고 요구하기는 점점 어려워지고 있다. 마지막으로 기댈 수 있는 국민연금마저 머지않아 바닥을 드러낼 것이다. 이제 나에게 남은 옵션은 없다.

다시 찾아온 조락의 계절, 나는 장수가 축복이던 시절을 그리워한다.

미래 정글경제로의 짧은 여행에서 의지할 곳 없는 미래의 자신을 보고 충격을 받은 이들도 있을 것이다. 그랬다면, 현재 자신이 미래를 위해 어떤 준비를 하고 있는지 더욱 냉정하게 생각해볼 수 있을 것이다.

우리는 대개 30년 동안 일한 다음 일자리 없이 30년을 더 살아가야 한다. 대부분 충분한 노후자금을 마련하지 못한 상태에서 은퇴한다. 은퇴 후 살아야 할 세월이 30년이라는 것도 확실하지 않다. 그 누구도 자신이 몇 살까지 살 수 있을지 알 수 없다. '장수 리스크'는 그래서 생긴다.

갈수록 인구는 늙어가고 보유자산에서 얻을 수 있는 수익률은 낮아질 것이다. 살고 있는 집을 빼고 5억 원의 금융자산을 갖고 있어도 연수익률이 5퍼센트라면 한 해 소득은 2,500만 원에 불과하다. 한 달에 200만 원밖에 쓸 수 없다. 같은 200만 원이라도 세월이 갈수록 값어치는 떨어진다. 인플레이션으로 구매력이 줄어드는 것이다.

은퇴한 노인들은 젊은이들에게 보유자산을 팔고 상품과 서비스를 산다. 노인들에게는 상품과 서비스를 생산하고 주식과 부동산을 사줄 젊은이들이 많을수록 좋다. 자산을 사줄 젊은이들이 줄어들수록 자산시장은 약세로 기운다.

자산시장의 부침은 노인들과 젊은이들 사이의 부의 이전에도 영향을 미친다. 예를 들어 집값이 오르면 집을 사는 젊은이들에게서 집을 파는 노인들에게로 더 많은 부가 이전된다. 집값이 떨어지면 그만큼 노인들의 삶은 더 팍팍해진다.

은퇴시점은 다가오고 노후자금은 부족한 상황에서 위험한 투기에 뛰어드는 이들도 있다. 투자에서 대박을 터트려 부족한 노후자금을 메워보려는 생각에서다. 이것이야말로 '절망의 베팅'이라고 할 수 있다.

시장 평균보다 높은 수익률을 추구하는 투자자들은 유동성이 부족하거나 변동성이 크거나 투명성이 떨어지는 자산에 솔깃해진다. 그러나 이들 자산이 얼마나 위험한지에 대해서는 별로 주의를 기울이지 않는다.

유동성이 부족한 자산은 값을 큰 폭으로 떨어트리지 않으면 팔 수 없게 될 위험이 있다. 변동성이 큰 자산은 순전히 운에 따라 천당과 지옥이 갈릴 수 있다. 투명성이 부족하고 복잡한 금융상품은 감춰진 위험을 알 길이 없다. 모두 노년의 투자자가 감당하기 어려운 위험이다. 투자에 성공해야만 퇴직 후 정상적인 생활이 가능하도록 계획을 짜는 것은 올바른 리스크 관리라고 할 수 없다.

당신의 몸값, 당신의 집값

당신이 월급쟁이라면 급여명세서에 찍힌 실제 수령액이 늘 성에 차지 않을 것이다. 때로는 자신이 초라한 느낌마저 들고, 정부가 거둬가는 돈은 왜 그렇게 많고 갈수록 늘기만 하는지 짜증도 날 것이다. 아파트값이 연봉의 몇 배씩 뛰어오를 때마다 당신의 월급봉투는 더욱 초라해 보일 것이다.

그러나 당신이 어느 정도 위안을 삼아도 좋을 만한 이야기도 있다. 과거 고금리시대에 비해 당신의 몸값이 모르는 사이에 많이 뛰었다고 볼 수 있다는 이야기다. 당신의 연봉이 4,500만 원이라고 하자. 1998년 이전 시중 실세금리가 연 15퍼센트 수준일 때 당신의 연봉은, 부잣집 아들인 당신의 친구가 3억 원으로 한 해 동안 벌 수 있는 이자소득과 맞먹는 것이었다(3억 원×0.15=4,500만 원).

그러나 실세금리가 5퍼센트대로 떨어진 지금 당신의 연봉은 당신의 백수 친구가 9억 원으로 얻을 수 있는 이자와 맞먹는다(9억 원×0.05=4,500만 원). 돈값에 비해 당신의 몸값이 3배로 뛴 셈이다. 당신의 친구가 내는 이자소득세가 당신의 근로소득세보다 많다면 놀고먹는 그는 9억 원 이상 갖고 있어야 당신만큼 소득을 올릴 수 있다.

당신의 급여는 조금씩이나마 올라간다. 당신이 잘나가는 회사에 다니는 평균적인 사원이거나 평균적인 회사의 잘나가는 사원이라면 소득 증가율이 물가상승률보다 높을 것이다. 당신의 경력과 노하우가 쌓일수록 몸값도 꾸준히 오른다. 그러나 당신의 백수 친구가 갖고 있는 돈은 물가가 오르는 만큼 값어치가 떨어진다.

물론 아파트 투기로 당신의 2~3년치 연봉을 몇 달 만에 벌어들인 친구가 있다면 당신은 심한 박탈감을 느낄 것이다. 하지만 위험천만한 머니게임에 뛰어들어 '올인'할 마음이 없다면 친구의 행운에 배 아파하고 절망하기만 하는 것은 득 될 게 없다.

단 한 번의 베팅으로 인생역전을 꿈꾸는 이들은 로또를 사거나 카지노를 찾기도 한다. 아파트나 주식에 모든 것을 걸고 기도나 하고 있는 이들도 있다. 그러나 당신의 자존심이 이를 허락하지 않는다면 당신의 몸값을 올리는 데 조금씩이라도 끈기 있게 투자하라. 이는 장기적으로 가장 확실한 이익을 남기는 투자가 될 것이다.

당신 자신을 하나의 기업이라고 생각해도 좋다. 당신은 칼 마르크스가 그린 것처럼 자본가에 예속된 노동자가 될 필요는 없다. 당신이 시장에서 높은 값을 쳐주는 새로운 지식으로 무장했다면 자본가들이 당신을 모시기 위해 줄을 설 것이다. 우리나라가 너무 좁다고 생각되면 외국에서도 기회를 찾을 수 있다.

잘 알지도 못하는 주식을 사놓고 무작정 값이 오르기를 기다리기보다 당신 자신의 주가를 올리기 위해 투자하는 것이 낫다. 당신의 주가는 실제 가치에 비해 지나치게 낮을 수도 있고, 당신의 실력에 비해 이미 너무 높게 올랐을 수도 있다. 만약 당신이 노동조합이나 면허제도 같은 보호막 덕분에 치열한 경쟁에 노출되지 않고 실력에 비해 많은 몸값을 받고 있다면 하루라도 빨리 그 갭을 메우기 위한 투자를 시작하라.

아직 주 5일 근무제를 사치로 여기는 사람들도 있다. 그러나 이제는 더욱 많은 '회사인간'들이 토요일을 자기계발에 활용할 수 있게 됐다. 매주 황금 같은 연휴를 맞는 당신은 가정에도 더욱 충실해지고 여행의 멋도 알게 될 것이다. 그러나 가장 중요한 것은 자신의 몸값을 올리는 데 적극적으로 투자하는 일이다.

늘 부족했던 외국어를 배우거나 전문직 자격증을 따는 것도 좋겠다. 그러나 몸값을 올릴 수 있는 길은 이것뿐만이 아니다. 여행을 통해 유익한 경험을 쌓아도 좋고, 운동으로 더욱 건강해지는 것도 스스로 가치를 높이는 일이다. 노동력을 팔아야 하는 이들에게 건강을 잃는 것은 그 어떤 경제적 타격보다 큰 재앙이 될 것이다. 보험 상품이 너무 비싸다는 느낌이 들더라도 건강을 잃었을 때를 대비한 적절한 보험은 필요하다.

월급쟁이는 꾸준히 안정적인 이자를 주는 채권과 같다. 건강하게 오래 일하는 월급쟁이는 만기가 긴 채권과 같다. 건강한 사람이 평생소득이 많은 것은 당연하다. 당신이 시장에서 높은 값에 팔 수 있는 지식으로 무장하고 있다면 당신의 소득 흐름은 이율이 높은 우량 채권과 같다.

이제 막 직업을 갖게 된 젊은이라면 소득의 원천 대부분이 몸과 머리를 써서 버는 근로소득이다. 가장 큰 리스크는 몸이 아프거나 다칠 위험이다. 인플레이션이나 금리변동 위험 같은 것은 나중에 자산이 축적됐을 때 중요해진다.

흔히 투자라고 하면 주식이나 부동산을 사고파는 것만을 떠올리는 이들이 많다. 그러나 이는 한 사람이 일생 동안 해야 할 투자결정의 일부일 뿐이다. 일생을 보면서 큰 그림을 그리는 것이 필요하다.

직업을 선택하는 것은 일생에서 가장 중요한 투자이사결정 가운데 하나다. 직장을 다니면서 받는 급여와 급여를 바탕으로 한 보험과 연금이 모두 직업에 따라 달라진다. 직업을 선택할 때도 분산투자로 위험을 줄여야 한다. 국내 최고의 직장 가운데 하나로 꼽히는 정글전자에 다니는 재규어 씨의 사례를 보자.

그의 부인도 같은 회사에 다닌다. 이 회사가 한창 잘나갈 때는 국내 최고 수준의 연봉과 함께 보통 월급쟁이 연봉에 맞먹는 성과급을 받았다. 그것도 부인과 함께 받으니 소득은 곱절의 곱절이 됐다.

그는 자사 주식을 많이 갖고 있다. 회사가 잘나갈 때 주가가 큰 폭으로 뛰면서 그가 보유한 자산의 가치는 급증했다. 거기다 그의 아파트는 정글전자의 생산공장 가까이 있다. 이 회사가 잘나가면서 이 아파트값도 덩달아 뛰었다.

재규어 씨의 투자는 한마디로 높은 리스크를 감수하면서 수익률을 극대화하기 위한 '다 걸기(올인)' 전략이다. 정글전자가 승승장구할 때는 짜릿한 대박의 기쁨을 누릴 수 있는 전략이다.

그러나 정글전자의 경영성과는 업종의 특성상 경기 부침에 매우 민감하게 변동한다. 회사의 사정이 안 좋아지면 재규어 씨도 커다란 위기에 직면하게 된다. 연봉 삭감과 인력 구조조정의 리스크를 부부가 동시에 안아야 하는 것이다.

회사의 경영실적이 악화되면 주가가 떨어지는 것은 당연하다. 공장 주변의 아파트값도 한꺼번에 떨어진다. 이전에 벌어놓은 재산을 안전한 곳에 분산 투자하지 않았다면 큰 타격을 피할 수 없다. 하지만 경제가 장기호황을 겪을 때 이런 안전조치를 취하는 이들은 거의 없다.

외환위기와 같은 충격이 오면 이런 이들이 가장 먼저 거리로 내몰린다. 외환위기 때는 영세기업과 중소기업 근로자들은 물론 상대적으로 안정적이었던 대기업 근로자나 공무원에 버금갈 정도로 안전하다고 믿었던 은행원들조차 구조조정의 칼바람을 맞는다. 저축의 대부분을 자사주로 보유하고 있던 투자자들은 일자리도 잃고 모아놓은 재산도 날리게 된다.

흔히 젊은 시절에는 은퇴를 앞둔 노년보다 더 큰 투자위험을 안을 여유가 있다고 말한다. 주식투자 비중을 늘리는 것은 더 많은 투자 리스크를 안는 것이다. 하지만 상장회사인 정글전자에 다니는 재규어 씨처럼 직장에 다니는 것만으로도 이미 주식시장의 위험에 노출돼 있는 경우도 많다.

이 경우 분산투자의 원칙에 충실하려면 가능한 한 자사주를 적게 사는 것이 좋다. 주식투자를 하더라도 경기 사이클이 자기 회사와 반대인 산업에 투자하는 것이 위험을 크게 줄일 수 있는 방법이다. 아예 주식이 아닌 다른 자산에 분산 투자하는 방법도 생각해봐야 한다.

정글경제에서는 언제든지 위기가 닥칠 수 있다. 국내 기업들을 보호하는 울타리가 완전히 사라짐에 따라 근로자들은 글로벌 기업의 무한 경쟁을 온몸으로 느낄 수밖에 없다. 기술의 진보는 생각의 속도로 이뤄진다. 산업지형의 변화는 정글을 방불케 한다. 평생직장의 안정감은 옛 추억으로나 돌려야 한다.

우리는 젊은 시절 30년 벌어서 노후 30년을 먹고살아야 하는 시대에 살고 있다. 사실 30년 동안 일자리를 가질 수 있을지도 불확실하다. '이태백'(20대 태반이 백수)이 '이구백'(20대 90퍼센트가 백수)으로 바뀌고, '사오정'(45세가 정년), '오륙도'(56세까지 직장에 있으면 도둑)도 모자라 '삼팔선'(38세가 체감 정년)이나 '삼일절'(31세면 취업 길 단절), '십장생'(10대도 장차 백수를 생각)까지 나오는 형편이다.

정글경제에는 '조기'(조기 퇴직자)들이 넘쳐나고 '신이 내린 직장'이나 '신도 다니고 싶어 하는 직장'은 점점 사라지고 있다. 우리는 나이가 들어서도 부모에게 의존하는 이들을 '캥거루족'이라고 부른다. 그러나 일본에서는 '파라사이트족'이라고 한다. '기생충'이라는 뜻이다. 평생 그럴듯한 직장을 구하지 못하는 '프리타족'(프리 아르바이트족)들도 많다.

'직업 쇼크'에 대한 가장 근본적인 대비책은 시장에 쉽게 팔 수 있는 재능을 갖추는 일이다. 일시적으로 실직을 당할 때를 대비해 석 달이나 1년 정도 근로소득 없이도 견딜 수 있도록 안전장치를 마련해 두는 것이 필요하다. 새로운 일자리를 구하는 동안 먹고살 수 있어야 하는 것이다. 자신의 몸값을 올리기 위한 재교육 비용도 필요하다.

이런 비상금은 쉽게 찾아 쓸 수 있는 예금이나 유동성이 높은 단기 금융상품 형태로 보유해야 한다. 실직의 위험을 전혀 감안하지 않은 채 소득수준에 비해 무리한 차입금으로 환금성이 없는 부동산을 사는 일은 리스크 관리의 측면에서 보면 매우 극단적인 고위험 전략이다. 자기 분야에서 슈퍼스타가 되려는 젊은이들은 그 직종의 리스크와 기대이익에 관한 개념을 가져야 한다.

'승자독식'의 사회에서는 한 사람의 슈퍼스타가 다른 모든 사람들보다 많은 파이를 차지한다. 슈퍼스타와 2등을 구분하는 재능의 차이는 크지 않아도 두 사람에 대한 경제적 보상은 하늘과 땅 차이만큼 벌어진다.

그렇다면 슈퍼스타가 나올 수 있는 직종이 어떤 것인지 따져볼 수 있는 시각이 필요하겠다. 일일이 몸으로 때워야 하는 분야에서는 슈퍼스타가 나올 수 없다. 창조적인 작업의 산물을 무한히 복제해서 팔 수 있는 분야에서는 슈퍼스타가 나오기 쉽다. 슈퍼스타가 나올 수 있는 직종은 그만큼 리스크도 크다. 그런 분야에서 슈퍼스타가 못 되면 오랫동안 배고픈 시절을 감내해야 하기 때문이다.

탐욕과 허무의 아이콘

언제부턴가 당신 주위에는 장롱 속 금반지를 세어봤다는 이들이 늘었을 것이다. 금값이 치솟았기 때문이다. 이들은 환란 때 금붙이를 다

팔아버린 것을 후회하기도 하고, 요즘은 돌반지도 비싸서 못 해주겠다
며 푸념하기도 한다. 나중에 큰돈이 될 것이라며 은행에서 금괴를 사기
도 하고, 금에 투자하는 펀드에 들기도 한다. 이들은 얼마나 현명한 투
자자일까.

2008년 3월 금값은 사상 처음으로 1온스(28.3그램)당 1,000달러를 돌
파했다. 금은 2002년 초까지만 해도 온스당 300달러에도 못 미쳤고,
2005년 말까지도 500달러를 넘지 못했다. 그러다 2년 남짓한 기간에 2
배 이상으로 뛴 것이다. 투기적 매수세까지 붙어 금값은 끝없이 오를 것
처럼 보였다.

금뿐만 아니라 모든 원자재 가격이 폭등했다. 1990년대 말 배럴당
20달러에도 못 미치던 원유가는 2008년 7월 배럴당 150달러(서부텍사스
중질유)에 바싹 다가섰다. 세계 최대 쌀 수출국인 태국의 쌀 수출가는
2008년 들어 넉 달 새 3배로 뛰어 톤당 1,000달러를 돌파했다. 그러나
금은 다른 원자재와 다르다. 아직도 많은 이들이 금 자체를 돈으로 본
다. 금만이 유일하게 진정한 통화가 될 수 있다고 말하는 이들도 많다.
종이돈은 늘 가치가 떨어지기만 한다고 보기 때문이다.

달러가 글로벌 통화가 된 후 금은 달러가치 하락에 대한 헤지(위험회
피)기능을 했다. 달러가치가 떨어질 때 금값은 오르는 것이다. 금은 이
름다움의 원천일 뿐만 아니라 정치적 격변기나 경제적 혼란기에 부를
보존해주는 피난처로 여겨졌다.

2007년 이후 금값 상승의 주된 요인은 인플레이션에 대한 불안 심리
였다. 특히 미국 중앙은행이 경기침체와 금융위기를 막기 위해 금리를
대폭 인하하면서 인플레이션(달러가치 하락)에 대한 불안감이 높아졌다.
신용위기로 은행이 언제 어떻게 될지 모른다고 염려하는 이들도 현금

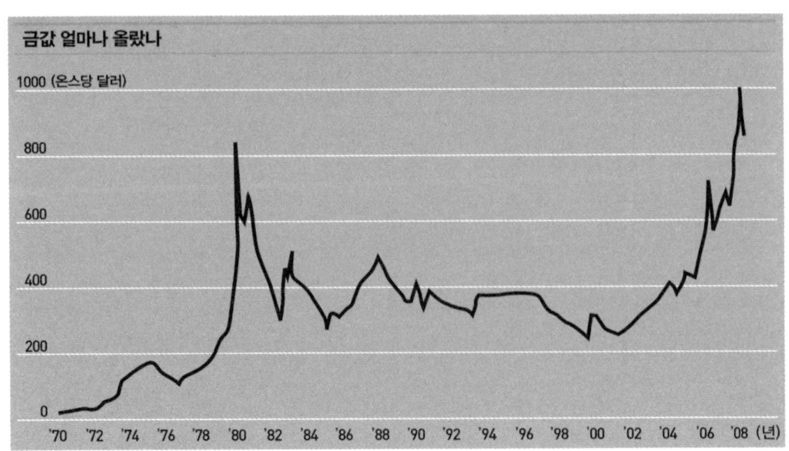

대신 금을 보유하려 했다.

금에 투자하는 펀드도 금에 대한 수요를 늘리는 데 한몫했다. 이 펀드는 일반 투자자들이 금 실물을 직접 보관하거나 광산업체의 주식을 사는 데 따르는 복잡한 문제들을 걱정하지 않고도 금에 투자할 수 있도록 해주었다. 금 수요는 갑자기 늘어난 데 비해 공급은 오히려 줄어들었다.

그러나 금은 언제나 안전한 투자대상은 아니다. 이 아름답게 빛나는 금 속에 눈이 먼 투자자들에게 금은 가장 위험한 투기의 대상이 되기도 한다.

사실 금값이 실질 가격으로 사상 최고를 기록한 것은 2008년이 아니라 1980년이었다. 1979년 세계 각국은 두 자릿수 인플레이션을 겪었다. 테헤란의 미국 대사관 인질사태를 비롯해 중동의 정치적 위기도 고조됐다. 1979년 말까지만 해도 온스당 500달러대였던 금값은 1980년 들어 폭발적으로 상승했다. 1월 초 첫 이틀 동안에만 110달러나 뛰었다. 1월 21일에는 사상 최고인 온스당 850달러까지 치솟았다. 물가상승률을 감안해 지금의 화폐가치로 따지면 2,000달러가 넘는 수준이다.

금값은 1968년 온스당 35달러에서 1980년 850달러에 이르기까지

12년 동안 24배가 됐다. 이 기간 동안 계속 금을 보유하다 꼭지에서 팔았다면 연평균 30퍼센트의 이익을 얻을 수 있었다. 그러나 그런 행운을 잡은 투자자들은 많지 않았다. 금을 너무 일찍 판 사람들보다는 너무 늦게 산 사람들이 더 큰 낭패를 봤다.

금값은 사상 최고를 기록한 당일부터 떨어지기 시작했다. 그날 오후 지미 카터 전 대통령이 '미국이 세계 최강의 국가로 남게 하기 위해 어떤 대가라도 치르겠다'고 강조한 후 금값은 50달러나 되밀렸다. 이튿날 다시 145달러나 떨어졌다. 그 후 인플레이션이 발생하고 투기적 수요가 힘을 잃으면서 금값은 계속해서 급락했다. 금의 명목가치는 1980년부터 20년 동안 3분의 2가 날아갔다. 1980년의 고점은 28년이 지나서야 회복했다.

금만이 진정한 가치 저장수단이라고 믿고 1980년부터 한 세대가 다 지날 동안 금을 갖고 있었던 이들은 그동안의 물가상승률을 감안하면 실질적인 재산가치는 반 토막이 났을 것이다. 금에는 이자가 붙지 않는 데다 보관비용이 든다. 이 점을 감안하면 실질적인 수익률은 더 떨어진다.

같은 기간 주식을 보유했던 이들에 비하면 금에 집착했던 골드버그들은 더욱 비참해진다. 1980년 1월 말 860포인드었던 디우지수는 28년 동안 15배가 됐다. 화폐가치가 떨어질 때 금은 좋은 가치 보존수단이 될 수도 있다. 그러나 투기바람으로 이미 지나치게 값이 치솟았다면 가장 위험한 상품이 될 수 있다.

정글경제에서는–
시간과 싸워라

투자의 정글에서 당신이 맞서 싸워야 할 가장 큰 적은 시간이다. 시간은 당신의 귀중한 옵션(선택권)을 빼앗아 가기 때문이다.

옵션은 무엇인가를 선택할 수 있는 권리다. 선택권이 많을수록 당신은 자유롭고 안전할 것이다. 세상이 변화무쌍할수록 당신이 지닌 옵션의 가치도 커진다. 그러나 당신이 갖고 있는 옵션은 시간과 함께 사라진다.

당신은 가능한 한 많은 옵션을 갖고 있어야 한다. 또한 가치가 소멸하기 전에 그 옵션을 잘 활용해야 한다. 당신이 어떤 옵션을 갖고 있고, 또 어떻게 활용할지는 당신이 안고 있는 자산과 부채와 리스크에 따라 달라진다. 당신은 늘 다음 세 가지를 생각해봐야 한다.

첫째, 당신 자신의 자본적 가치를 생각하라.

삭막하게 들리겠지만 당신은 하나의 자본이다. 이 시대 자본주의 사회에서 가장 중요한 자본은 인적 자본이다. 인적 자본 중에서도 가장 중요한 요소는 지식이다.

당신은 몸값을 올리기 위해 끊임없이 투자해야 한다. 특히 새로운 지식을 습득하기 위한 투자를 늘려야 한다. 이미 많은 투자를 했다면 이제는 가장 효율적으로 그 자본을 활용하는 방안을 생각해야 할 것이다.

일을 할 수 있는 동안 당신은 하나의 채권과 같다. 특히 당신이 월급쟁이라면 당신의 현금흐름은 매달 이자를 주는 채권의 현금흐름과 같다. 채권은 비교적 안정적으로 소득을 안겨준다. 당신이 채권처럼 안정적인 소득을 창출

할 수 있다면 자산을 운용할 때도 더 많은 리스크를 부담할 여유가 생긴다.

그러나 당신이 은퇴하기 10~15년 전부터는 당신의 인적 자본의 가치가 점차 줄어들거나 들쭉날쭉할 수 있다. 이런 시기에는 리스크가 큰 주식에서 채권으로 갈아탐으로써 근로소득이 줄어들거나 완전히 사라지는 때를 대비해야 한다.

둘째, 당신이 지고 있는 온갖 빚을 생각하라.

주택담보대출이나 신용카드 빚만 생각해서는 안 된다. 더욱 넓은 의미의 부채를 생각해야 한다. 이때 먼저 알아두어야 할 것이 있다. 당신 자신이 당신에게 가장 큰 빚이라는 사실이다. 왜냐하면 당신은 은퇴 후 소득이 없는 당신 자신을 먹여 살려야 하기 때문이다. 젊은 당신은 노후에 필요한 생활비만큼 빚을 지고 있는 것이다.

젊은 시절 저축하는 주된 이유는 은퇴 후에 대비할 수 있기 위해서다. 저축이 충분하지 않다고 해서 무리하게 고수익을 추구하면 그 목표를 달성할 가능성은 오히려 줄어들 수 있다. 쓸데없이 많은 리스크를 안게 되기 때문이다. 편안하게 은퇴할 수 있으려면 열심히 저축하고, 투자비용은 절약하고, 널리 분산 투자하라. 비용이 적은 인덱스펀드도 좋은 투자대상이 된다.

당신의 세전 소득 중 몇 퍼센트를 은퇴 후를 대비해 저축해야 할지 계산해보라. 이는 지금까지 얼마를 저축했는가에 따라 달라진다. 목표를 달성하기 위해 저축의 일부를 주식에 투자하고 투자비용을 철저히 아껴라. 당신은 지금까지 그다지 검약하지 않았을 수도 있다. 저축을 늘릴 수 없다면 은퇴 후 생활수준에 대한 목표를 낮추거나 은퇴시점을 늦춰야 한다. 혹은 둘 다 필요할 수도 있다.

당신이 지고 있는 두 번째로 큰 부채는 당신의 가족이다. 연로한 부모의 재정과 건강 상태를 모니터링하고 자녀들의 재무결정에 조언할 필요가 있다. 그렇게 하지 않으면 그들의 문제는 곧 당신의 문제가 될 것이다. 반면 당신이 어려움을 겪을 때 가족이 구제해줄 수도 있다. 가족은 서로에게 최후의 안전망이 돼줄 것이다.

셋째, 당신이 보유한 자산의 수익률만 따지지 말고 리스크를 따져보라.

먼저 은퇴 후 받을 수 있는 연금이나 다른 종류의 소득원을 잘 찾아보라. 국민연금은 당신의 중요한 자산이다. 많은 이들이 국민연금에 대한 불신을 갖고 있지만 국민연금은 인플레이션의 위험에서 가입자를 보호해주는 장점도 있다. 인플레이션에 따라 연금 지급액도 늘어나기 때문이다.

연금은 정기적으로 일정한 이자를 지급하는 채권과 같다. 안정적인 연금소득이 있다면 위험자산인 주식에 투자할 여유도 그만큼 늘어난다.

정글경제에는 황금의 도시가 있다

"사람이 어느 한 가지 일을 소망할 때, 천지간의 모든 것들은
우리가 꿈을 이룰 수 있도록 뜻을 모은다네."
"연금술사들이 하는 일이 바로 그거야. 우리가 지금보다
더 나아가기를 갈구할 때, 우리를 둘러싼 모든 것들도
함께 나아진다는 걸 그들은 우리에게 보여주는 거지."
– 파울로 코엘료의 『연금술사』 중에서

훗날에 훗날에 나는 어디선가 한숨을 쉬며 이야기할 것입니다.
숲 속에 두 갈래 길이 있었다고. 나는 사람이 적게 간 길을 택하였다고.
그리고 그것 때문에 모든 것이 달라졌다고.
– 로버트 프로스트의 『가지 않은 길』 중에서

다시 정글 속이다. 당신은 천천히 고개를 돌려 주위를 살펴본다. 정글의 숲은 여전히 낯설고 신비감마저 느끼게 한다. 그러나 당신은 이제 녹색의 미궁 속에 숨어 있는 온갖 음모와 치명적인 위험을 볼 수 있다. 재규어와 보아뱀의 소리 없는 움직임도, 대기의 은밀한 변화도 느낄 수 있다.

날카롭게 벼린 감각기관과 모든 가능성에 열려 있는 사고로 당신은 위험한 정글에서 스스로를 지킬 수 있다. 당신은 이제 정글 속 어디엔가 황금의 도시가 있다는 전설이 사실인지 직접 확인해볼 준비가 돼 있다.

이제 정글경제에 대한 탐사를 마무리할 때가 됐다. 필자는 지난 20년 동안 정글경제를 탐사한 경험을 바탕으로, 그리고 필자 나름의 시각으로 투자의 정글이 어떻게 움직이는지를 보여줬다. 특히 투자의 정글에서 살아남기

위해 반드시 피해야 할 위험과, 늘 따져보고 통제해야 할 리스크에 대해 주로 이야기했다.

그 리스크는 정글경제를 살아가는 당신의 가장 중요한 화두가 돼야 한다. 당신은 두려움을 없애기 위해 리스크 앞에서 눈감고 기도만 하고 있어서는 안 된다. 리스크의 실체를 이해하고 적극적으로 관리해야 한다.

투자의 정글 속에 숨어 있을 황금의 도시로 가는 지도는 바로 당신의 머릿속에서 그려지는 것이다. 하루아침에 완성될 수 있는 지도는 물론 아니다. 황금의 도시를 찾아내려는 당신에게 필자가 들려준 이야기는 다음 7가지다.

첫째, 위기에 빠진 당신에게 즉각 구조대가 달려올 것으로 기대하지 마라

투자의 정글에서는 절체절명의 위기에 빠지더라도 누군가 당신을 구하러 달려올 것이라고 믿어서는 안 된다. 무작정 구조대를 기다리다 스스로 위기를 벗어날 시간과 에너지를 소진해버리는 것은 바보 같은 짓이다. 조금이라도 힘이 남아 있다면 주저앉아서 구조대를 기다리지 마라. 구조대가 당신의 탈진한 몸에 아드레날린을 주입하기도 전에 당신은 최후의 순간을 맞을 수도 있다.

무엇보다 정부에 기대려는 생각을 버려야 한다. 정부는 위기에 빠진 당신을 구조해주겠다고 약속한 적이 없다. 당신은 정부에 구조를 요청할 권리(풋옵션)를 갖고 있지 않다. 그런 계약은 처음부터 없었다.

정부의 투자자 구조작전은 대부분 참담한 실패로 끝났다. 처음부터 이길 수 없는 게임을 시작했기 때문이다. 구조대의 능력을 과신한 투자자들은 더 큰 수렁으로 빠져들었다.

위기상황에서 지나치게 배짱을 부리거나 미련을 갖고 머뭇거리는 것은 가장 위험한 도박이다. 배짱투자는 기대수익률에 비해 리스크가 너무 크다.

당신은 대다수 투자자들이 구조를 요구하며 절규할 때 가능한 한 빨리 위험지대를 벗어나야 한다. 구조를 바라며 버티고 있는 투자자들이 있는 한 최대한 그 시장에서 멀리 떨어져 있어라. 그들이 완전히 구조되거나 시장에서 완전히 퇴출될 때까지 투자시기를 늦추는 것이 가장 안전하다.

구조 헬리콥터가 구조를 바라는 수많은 조난자 가운데 누구에게 먼저 구명줄을 던질까도 생각해야 한다. 더 이상 태울 자리가 없을 때 구조대는 당신을 버리고 가버릴 수도 있다.

정부는 경제성장과 금융시장 안정에 가장 큰 영향을 미치는 수출 부문 대기업과 대형 금융기관들을 먼저 구조하려 할 것이다. 또한 잠재적인 투자자보다는 기존 투자자, 미래세대보다는 기성세대의 고통을 먼저 어루만지려 할 것이다.

구조대는 늘 한발 늦게 온다. 때문에 정글경제에서는 스스로를 구조할 수 있어야 살아남을 수 있다. 고독한 개인투자자들은 스스로의 용기와 지혜로 정글을 헤쳐 나가야 한다. 이것이 정글경제에서 반드시 기억해야 할 첫 번째 법칙이며, 『정글노믹스』의 가장 중요한 메시지다.

둘째, 폭풍우가 시장을 휩쓸고 가기를 기다렸다 알짜 자산을 끌어 모아라

투자의 정글에서 가장 큰 기회는 가장 큰 위기 때 잡을 수 있다. 당신이 처음부터 위기의 한가운데 있지 않고 비켜서 있었다면 위기가 한껏 고조될 때까지 안전지대에서 지켜보며 기다려야 한다. 마지막까지 미련을 버리지 않고 버티던 투자자들이 끝내 파국을 맞게 되고, 최후의 낙관론자마저 시장을 떠났을 때 비로소 투자를 시작해야 한다.

거센 폭풍우가 지나간 뒤에는 달콤한 열매가 사방에 널려 있듯이 파국적인 위기를 겪은 시장에는 헐값에 살 수 있는 알짜 자산들이 널려 있다. 탐욕스러웠던 이들의 파멸은 절제했던 이들에게 절호의 기회를 안겨준다. 누군가의 파멸을 가슴 아파하며 기회를 마다할 필요는 없다. 정글은 냉혹한 곳이기 때문이다.

문제는 언제 얼마나 큰 위기가 닥칠지 정확히 알아맞힐 수 없다는 점이다. 예견된 위기는 진정한 위기가 아니다. 최악의 위기는 언제나 전통적인 예측기법의 영역을 벗어난 곳에서 나타난다.

위기의 크기와 확률을 알 수 없다면 언제든 위기가 일어날 것에 대비하는 수밖에 없다. 자산시장의 위기에 대한 최선의 대비는 유동성을 확보해두는 것이다. 언제든지 현금화할 수 있는 유동적인 자산을 갖고 있어야 한다는 이야기다. 시장의 스트레스가 언제든지 폭발할 수 있는 임계상태로 치닫고 있는지도 주의 깊게 관찰해야 한다.

폭풍우가 두려워 안전한 동굴에 숨어 있을 수만은 없듯이 늘 현금만 들고 있을 수는 없다. 위기는 산불처럼 번진다. 조그만 모닥불이 거대한 산불로 번져갈 때 그 확산 과정을 지켜보면서 신속하게 대응 수위를 조절할 수밖에 없다. 지진이 일어나면 직접적인 피해보다 2차 피해가 더 크듯이 시장의 위기도 제2, 제3의 충격파를 조심해야 한다.

성급하게 위기를 이용하려 할 때는 극단적인 위험을 감수해야 한다. 주가가 급격히 떨어질 것으로 보고 주식을 빌려 파는 경우가 그렇다. 주가나 부동산 가격 하락에 공격적으로 베팅하는 이들은 위기를 부추기려 한다는 비난을 받을 우려도 있다. 이들은 정부가 기존 투자자들 편에서 시장을 띄우려 할 때 결정적인 타격을 입을 수 있다.

셋째, 나무보다 숲 전체를 보면서 '수익률'이라는 나침반으로 길을 찾아라

투자의 정글에서 길을 잃지 않으려면 가장 높은 곳에서 지형을 살펴야 한다. 정글에서는 천 길 낭떠러지나 살기 띤 물살이 언제 당신의 앞을 가로막을지 알 수 없기 때문이다. 이럴 때 당신은 새처럼 높이 날아올라 정글 전체를 한눈에 조망할 수 있어야 한다.

'수익률'이라는 나침반은 자산시장에서 당신이 방향을 가늠할 수 있게 해준다. 이 나침반도 완벽한 가이드가 되지는 못한다. 그러나 이 나침반을 갖고 있는 한 당신이 가야 할 길의 정반대로 가거나 방향을 잃고 제자리를 맴돌게 될 염려는 없다.

주식시장의 큰 흐름을 보려면 반드시 주식수익률부터 따져봐야 한다. 당신은 이제 주식수익률과 주식투자수익률이 다른 개념이라는 것을 알고 있다. 과거주가 패턴만을 보던 당신이 주식수익률을 생각하게 된 것은 대단한 발전이다. 당신은 기술적 분석의 한계를 벗어나 기본적인 분석의 단계로 올라선 것이다. 기본적 분석을 통해 자신만의 판단기준을 갖게 되면 전문가라는 이들의 잔기술에 현혹되지 않을 것이다.

앞으로는 인플레이션과 함께 채권수익률이 높아지면 주식수익률도 높아져야 한다. 주식수익률이 높아지려면 주당순이익이 늘어나거나 주가가 떨어져야 한다. 당신이 갖고 있는 주식(또는 주식시장 전체)의 이익 실적과 전망이 나올 때마다 주식수익률을 구해보라. 그리고 이를 시중 실세금리인 채권수익률과 비교해보라. 채권수익률보다 주식수익률이 낮으면 일단 특별한 경계가 필요하다.

부동산투자 때도 가장 중요한 판단기준은 수익률이 돼야 한다. 부동산에서 창출되는 소득을 생각하지 않고 시세차익만 노리는 것은 투기적이다. 임대수익률이 매우 낮은 아파트나 상가는 앞으로 수익률이 오를 가능성, 다시 말해 임대소득이 크게 늘어나거나 아파트값이 떨어질 가능성을 따져봐야 한다. 부동산시장에서 거품이 걷히면서 '수익률 혁명'이 일어날 수 있다는 점을 꼭 기억하라.

해외투자는 그 자체만으로 분산투자의 효과를 낸다. 당신이 운용하는 포트폴리오 전체의 리스크를 줄여주는 것이다. 그러나 당신은 환율변동이라는 또 하나의 리스크를 감수해야 한다. 환율이 격변하는 시기에는 투자대상 자산의 가격보다 환율변동이 투자수익률에 더 큰 영향을 미칠 수 있다.

꾸준히 국제수지 흑자를 내고 늘 절제 있는 통화정책을 펴는 나라의 돈은 상대적으로 가치가 올라간다. 이런 나라의 통화나 그 통화로 표시된 자산에 투자하는 것이 유리하다. 대규모 적자와 높은 인플레이션이 예상되는 나라의 돈은 갈수록 값어치가 떨어질 수밖에 없다.

달러가치의 하락은 미국 내의 인플레이션을 부추길 뿐만 아니라 세계 각국에 미국의 인플레이션을 수출하는 효과를 낸다. 달러에 대한 무조건적인 사랑은 위험하다. 중국 위안화를 비롯해 강세가 예상되는 통화를 주목해야 한다.

넷째, 저금리 시대에 투자의 길을 제시했던 낡은 지도는 찢어버려라

투자의 정글에서는 상상도 하지 못할 놀라운 일이 벌어지기도 한다. 전통적인 투자이론과 사고의 틀로써는 설명할 수 없는 돌연변이가 나타나기 때문이다. 당신은 언제나 합리적인 사람들과 언제나 균형을 찾아가는 시장만을 상정하는 사고의 틀에 갇혀 있어서는 안 된다.

투자의 정글에서 지난날의 투자비법과 성공담은 낡은 지도일 뿐이다. 지형이 뒤바뀐 다음에도 낡은 지도만을 따라 가다보면 치명적인 위험을 만날 수도 있다. 다시 고개를 쳐들고 있는 인플레이션도 그런 위험 가운데 하나다.

지난 1980년대 이후 거의 한 세대가 지나는 동안 전 세계는 유례없는 경제적 안정과 번영을 누렸다. 우리나라는 1997년 환란을 겪었지만 그 후 10

년 동안 안정을 누렸다. 1970년대에 겪었던 인플레이션의 망령은 투자자들의 뇌리에서 사라졌다.

그러나 이제 재빨리 생각을 바꿔야 할 때가 됐다. 중앙은행이 금리를 아무리 낮추고 시중에 돈이 아무리 많이 풀려도 물가가 오르지 않던 좋은 시절은 다 지났다. 초저금리 시대에 만들어진 대박투자의 공식도 다시 써야 할 때가 왔다.

빚을 많이 진 이들에게 인플레이션은 고마운 존재가 될 수 있다. 인플레이션은 실질적인 빚 부담을 덜어주기 때문이다. 그러나 이런 인플레이션의 마술을 누구나 즐길 수 있는 것은 아니다.

소득에 비해 이자부담이 지나치게 클 정도로 빚을 져서는 안 된다. 초저금리 시대에 무분별하게 빚을 끌어다 공격적인 투자를 했던 이들은 인플레이션과 함께 대출금리가 오르면 큰 곤경에 처한다. 인플레이션으로 실질적인 빚 부담이 줄어들 때까지는 오랜 인고의 시간이 필요하다. 무거운 이자부담 때문에 그때까지 버티지 못한다면 결국 파국을 맞게 될 것이다.

대부분의 월급쟁이들에게 인플레이션은 잔인한 존재다. 인플레이션은 근로소득의 구매력을 급속히 떨어트리기 때문이다. 씀씀이를 줄이면서 인플레이션 방어기능이 있는 저축수단을 찾아야 한다.

저축자늘에게 인플레이션은 소리 없는 도둑이다. 인플레이션은 특히 은행예금이나 채권을 비롯해 이자소득이 고정돼 있는 금융자산의 구매력을 가장 많이 훔쳐간다. 인플레이션이 지속적으로 높아질 것으로 보이면 대출이자는 일찌감치 낮은 수준에서 장기간 고정시켜두는 것이 유리하다. 예금이자가 고정되는 기간은 가능한 한 짧게 해 계속 고금리상품으로 갈아타야 한다.

땅이나 아파트와 같은 부동산은 물가상승기에 금융자산에 비해 자산가치를 보존하는 데 유리하다. 하지만 투기적 수요 때문에 짧은 기간에 지나치게 가파르게 가격이 오른 땅이나 아파트라면 이야기가 다르다. 금리상승으로 투기적 수요가 움츠러들면 인플레이션에도 불구하고 명목가격도 떨어질 수 있다.

주식은 실물자산과 금융자산의 특성을 함께 지닌다. 인플레이션이 높은 시기에는 실물자산을 많이 보유한 기업이나 물가상승분만큼 제품가격을 충분히 올려 이익을 늘릴 수 있는 기업의 주식이 비교적 안전하다. 그러나 지금처럼 글로벌 경쟁이 치열한 때 제품가격을 마음대로 올릴 수 있는 기업은 드물다.

인플레이션이 높아지면 금리와 채권수익률도 올라가고(채권값이 떨어지고), 채권과 경쟁하는 주식수익률도 올라가야(주당순이익이 늘거나 주가가 떨어져야) 한다는 원리는 앞서 이야기한 대로다.

물가에 연동해 원금이 불어나는 채권이 일반 채권에 비해 유리하다. 물론 물가연동채권에 투자자가 몰려 지나치게 값이 올랐는지 따져봐야 한다. 우리나라보다 인플레이션이 낮은 나라의 통화나 자산을 사는 것도 좋다.

다섯째, 리스크 없는 대박투자의 비법을 알려준다는 주술사를 믿지 마라

투자의 정글에서는 미신과 주술에 빠져들지 않도록 스스로를 경계해야 한다. 절대적인 것처럼 보이는 진리를 거부하고 늘 회의하는 사람이 되어야 한다. 회의주의자는 무엇인가를 무턱대고 믿는 것이 아니라 그것이 과연 믿을 만한지 끝까지 따져보려는 사람이다. 그것이 옳다는 증거를 찾아내기 전에는 틀릴 수도 있다는 가능성에도 늘 마음을 열어두는 사람이다.

투자의 정글에는 수많은 재신들이 도그마를 만들어내고 있다. 당신은 그들의 도그마를 뒤엎어버릴 수 있는 용기를 가져야 한다. 이를 위해 당신이 경제학 박사 학위를 가져야 하는 것은 아니다. 미신과 주술에서 벗어나는 일은 상식의 힘과 인간의 본성에 대한 성찰로 가능하다.

투자의 귀재들이 자랑하는 예측력이 실은 억세게 운이 좋아 얻어진 결과
는 아닌지 의심해봐야 한다. 투자종목과 시기를 콕 찍어주는 것이 당신에게
진정으로 유익한 조언인지도 따져봐야 한다. 현란하고 복잡한 예측기법을
구사하는 전문가보다 기본에 충실한 당신의 주먹구구식 방법이 더 맞을 수
도 있다.

당신은 장기투자를 하면 무조건 안전하다는 도그마를 믿지 말아야 한다.
훗날 투자수익이 기대치에 비해 빗나가는 정도를 비율로 따지면 줄어들지
만 절대금액으로 따지면 오히려 커진다. 20~30대에 주식에 돈을 묻어 놓고
잊어버리고 있다 50~60대에 찾으면 틀림없이 대박이 될 것이라는 논리는
터무니없는 것이다.

적립식투자가 절대적으로 안전하다는 주장 역시 근거가 없다. 대세 하락
기의 적립식투자는 점점 쓰레기가 되어가는 자산을 알뜰하게 모으는 꼴이
될 수도 있다.

여섯째, 투기의 바이러스와 신뢰를 좀먹는 세균의 숙주가 되지 마라

투자의 정글에서는 눈에 잘 띄지는 않지만 위험한 바이러스와 세균과 독
충이 산다. 이것들은 모두 당신을 숙주로 삼아 살아긴데.

늘 장밋빛 안경을 끼고 주식시장의 앞날을 전망하는 이코노미스트, 거품
이 낀 주식을 쫓아가서 사라고 바람을 잡는 애널리스트, 집값이 언제나 오를
수밖에 없는 이유만 잔뜩 늘어놓는 부동산 중개인들은 모두 투기의 바이러
스가 될 수 있다. 이들은 당신이 안아야 할 리스크나 장기적인 투자성과보다
는 당신이 내야 할 수수료에 군침을 흘린다.

당신에게 투자조언을 하는 전문가에게 지불하는 대가가 당신의 투자성과

와 직접 맞물려 있는지를 따져보라. 그렇지 않다면 진정으로 당신을 염려해주는 조언을 기대하기 어렵다. 당신이 내는 수수료가 투자성과에 직접 연동된다 하더라도 전문가들이 당신의 돈을 자기 돈처럼 귀중하게 여기리라고보기는 어렵다. 최악의 경우 당신은 피땀 어린 재산을 송두리째 날릴 수도있지만 그들은 기대했던 수수료 중 일부를 포기하면 그만이기 때문이다.

당신의 투자수익이 아니라 거래 금액과 빈도에 비례하는 주식 중개수수료, 투자수익이 나든 손실이 나든 언제나 자동적으로 빠져나가는 펀드 판매수수료와 운용수수료를 최대한 아껴라. 특히 펀드수수료가 아까울 때는 인덱스펀드를 사라.

분식회계와 주가조작, 내부자거래의 독성은 그야말로 치명적이다. 그 위험을 피하려면 기업 지배구조가 얼마나 투명한지를 봐야 한다. 당신이 쉽게들여다볼 수 없을 정도로 안개 속에 가려진 기업이라면 반드시 피해야 한다.기업 지배구조가 투명한 기업은 이미 주가에 프리미엄이 붙어 있을 것이다.신뢰가 곧 돈이 되는 것이다. 신뢰를 사려면 기꺼이 웃돈을 내야 한다.

일곱째, 자신의 몸값을 높이는 수익성 높은 프로젝트에 먼저 투자하라

한 사람의 일생을 통틀어 자신의 자본적 가치를 높이는 투자보다 더 수지맞는 투자는 없다. 보통 사람들은 적어도 30년 동안 자신의 인적 자본을 활용해 먹고살고, 자녀를 교육시키고, 노후 30년을 살아가기 위한 돈을 저축해야 한다. 몸값을 올리기 위해 꾸준히 투자하는 사람과 자기계발을 게을리하는 사람 사이의 소득과 부의 격차는 처음에는 미미하지만 시간이 지날수록 천양지차로 벌어지게 될 것이다.

이자나 배당, 임대수입과 같은 재산소득을 늘리기 위한 투자도 종자돈이있어야 가능하다. 종자돈은 근로소득을 쪼개 저축해야 만들 수 있다. 부모에게 물려받은 재산이 많으면 처음부터 유리할 것이다.

그러나 땅이나 공장설비나 금융자본에 비해 인적 자본이 창출하는 가치가 갈수록 중요해지고 있다. 더욱이 2000년대 들어 이자율이 떨어지면서 이자소득만 바라보는 금융자산가에 비해 첨단지식으로 무장한 전문가들의 몸값이 상대적으로 높아졌다.

앞으로는 몸으로 때우는 반복적인 일보다는 머리를 쓰는 창의적인 일에서 대박을 터트릴 수 있다. 당신이 월급쟁이라면 몸값을 높이기 위해 스스로 변화를 만들어가야 할 것이다. 주말에는 자기계발에 집중 투자하며 혁명을 준비해야 한다.

당신은 또한 눈앞의 작은 위험에 집착하기보다 일생을 좌지우지할 수도 있는 큰 리스크를 생각해야 한다. 자신의 인적 자본이 갑자기 훼손될 위험에 대비한 보험도 들어야 한다. 직업을 선택하고 투자자산 포트폴리오를 구성할 때도 늘 위험분산을 생각해야 할 것이다.

일생을 두고 시간이 바꿔놓을 것들에 대해 늘 생각하는 것도 중요하다. 특히 나이가 많아질수록 젊은 시절에 갖고 있던 수많은 옵션(선택권)이 줄어든다는 점을 알아야 한다. 이는 그만큼 리스크를 회피할 수단이 줄어든다는 것을 의미한다.

은퇴시점이 가까워질수록 당신이 큰 리스크를 질 수 있는 여력은 급속히 줄어든다. 이때는 모험을 자제하고 안정을 추구할 때다. 젊은 시절과 똑같이 공격적인 주식투자를 계속하거나 끝내 정리하기 어려운 부채를 지고 있어서는 안 된다.

투자의 정글은 늘 새롭다. 혼란과 격변이 일상이 된 곳이다. 이곳에서는 그 어떤 현자의 말도 절대적인 진리라고 할 수 없다. 정글 속에서 황금도시를 찾아낸 영웅들의 발자국을 따라가기만 하면 똑같은 황금을 얻을 수 있으리라고 기대해서도 안 된다.

당신이 필자와 함께 정글경제를 탐험하면서 용기와 희망을 갖게 됐기를 바란다. 앞으로는 투자의 정글을 지배하는 주술사들의 예언보다 당신 자신의 상식과 지혜를 믿어야 한다. 위험이 닥치면 눈을 질끈 감은 채 신에게 기도만 하지 말고, 용감하게 일어서서 위험을 직시해야 할 것이다.

외계인의 언어처럼 난해한 이론과 투자분석기법에 넋을 잃지 말고 간명한 주먹구구의 셈법을 활용하기 바란다. 그리고 늘 인간에 대해 깊이 성찰하면서 사회와 경제의 큰 흐름을 놓치지 않기를 바란다.

당신은 정글 속에서 살아가는 현실 자체를 부정해서는 안 된다. 당신은 절망의 늪에 빠진 이들의 절규와, 희생양들의 피와, 주술사들의 유혹과 투기의 바이러스와, 흡혈동물과 독충들의 공격과 소멸을 향해 달려가는 허무에 질린 나머지, 현실에서 도피할 수 있는 환상의 세계에 빠져들어서는 안 된다.

정글의 현실을 냉정하게 본다고 해서 염세주의자가 되는 것은 아니다. 오히려 그 반대다. 정글의 위험을 꿰뚫어 볼 수 있다면 스스로 더 안전하다고 느끼게 될 것이다. 이는 앞날을 낙관하는 가장 든든한 토대가 된다. 염세주의자보다는 낙천적인 사람의 삶이 더 밝고 활기차다. 근거 없는 낙관은 위험하다. 그러나 현실에 대한 성찰에 바탕을 둔 낙관은 신비한 에너지를 선물한다.

훗날 회한에 몸을 떨게 될까 두렵기도 하겠지만 이제 다시 모험의 길을 떠나야 할 때다. 당신이 투자의 세계에서 만나는 숱한 유혹의 강을 건너고 공포의 숲을 지나 마침내는 빛나는 황금의 도시를 찾을 수 있기를 바란다.

황금은 정글 속에 묻혀 있을 수도 있지만 당신이 직접 빚어낸 것일 수도 있다. 바로 당신 자신이 정글경제의 연금술사가 되는 것이다. 당신이 만들어

낸 황금의 가장 중요한 성분은 희망과 용기다. 탐욕에 눈멀지 않고 늘 리스크를 관리할 줄 아는 지혜도 필수적이다. 정글에 사는 당신이 가장 먼저 깨달아야 할 것은 바로 이것이다.

KI신서 1450

정글노믹스

1판 1쇄 인쇄 2008년 7월 28일
1판 1쇄 발행 2008년 8월 4일

지은이 장경덕 **펴낸이** 김영곤 **펴낸곳** (주)북이십일_21세기북스
기획 이승희 **편집** 이용우 **마케팅** 주명석 **영업** 최창규
출판등록 2000년 5월 6일 제10-1965호
주소 (우: 413-756) 경기도 파주시 교하읍 문발리 파주출판단지 518-3
대표전화 031-955-2100 **팩스** 031-955-2151 **이메일** book21@book21.co.kr
홈페이지 www.book21.com **커뮤니티** cafe.naver.com/21cbook

값 11,000원
ISBN 978-89-509-1509-4 03320